読書人カレッジ2022

大学生のための本の講座

小林康夫
中島京子
長崎尚志
長瀬海
今福龍太
増田ユリヤ
温又柔
小林エリカ
明石健五

読書人編集部 編

はじめに

「読書人カレッジ」は、二〇二一年四月にスタートを切りました。公益財団法人日本財団と協働して、大学生の読書推進活動に寄与していくことを目標に、立ち上げたものです。それには、いくつかの背景があります。まずは、二〇一八年、全国大学生協連（東京）が発表した「大学生の読書」に関わる調査結果があります（「第53回学生生活実態調査」）。そこでは、「一日の読書時間が『ゼロ分』と回答した大学生が53%に上る」という数字が報告されていました。この数字が多いのか少ないのか。若年層の本離れは、かなり以前から伝えられてきたことでもあるので、判断はわかれるところですが、本に携わる人たち（特に出版界に生きる我々）のあいだに、少なからずの衝撃が走ったことは事実です。

ただ一方で、大学生は、本当に本を読まなくなったのか――。数字では見えてこない実態もあります。『週刊読書人』では、二〇一七年より、「書評キャンパス」という連載コーナーをつづけています。大学生自らが本を選び、その本の書評を執筆してもらう試みです。「本を読まない学生が多い」という大方の意見に反して、この六年、学生からの寄稿は絶えることがありません。「掲載まで三ヵ月／半年待ち」という時期もありました。小説、評論、エッセイ、ノンフィクション、理工書等々、幅広い分野の書籍を取り上げ、一二〇〇字という制限内で、書評を寄せてくれた。この連載を集めたブックレットは、既に五冊（五年分）を数えます。

嬉しいことに、学生が執筆した書評に対して、取り上げた本の著者自身から、コメントを寄せていただくこともあります。二〇二一年と二二年、読書人カレッジの講師を二年つづけて務めてくれた、作家の温又柔さんは、『真ん中の子どもたち』への書評（小島秋良さん執筆＝当時・名古屋大学大学院人文学研究科博士課程）を読み、次のようなリアクションをくださいました。

「一筋縄ではいかない言葉の世界」で「言葉に向き合い続ける物語」。そんなふうに評してもらえて、自分の本がいっそう愛おしくなりました。かつての自分のような「真ん中の子どもたち」に「私たちは素敵なんだよ！」と伝えたくて書いた小説を、小島さんが「我が事」として受けとめてくださったことが、とっても嬉しく、また頼もしいです。ミーミーたちの友だちの中に、秋良さんという名前の子がきっといるかも、とつい空想してしまいました。（『書評キャンパス　at 読書人　2019』より）

「書評キャンパス」の試みを通して、わかったことは何か。今の大学生も、本を読むことに熱意を持っている。ただ、多くの人たちは、どのように本を選び、読みすすめていけばいいかに迷っている。彼／彼女らに、読書の楽しみ、本の読み方を伝えていくのが、「読書人カレッジ」です。二〇二二年度も、多くの講師の方々に登壇いただきました。この一冊は、一年間に行われた一一講座の講義録です。ご多忙の中、講師を務めてくださった、今福龍太、温又柔、小林エリカ、小林康夫、長崎尚志、中島京子、長瀬海、増田ユリヤの各氏（五十音順）、本当にありがとうございました。

最後に、ご協力いただいた大学、関係者の方々、受講された学生の皆さんに、心からの感謝を捧げます。

二〇二三年四月　株式会社　読書人

もくじ　3

君自身の読書のために——世界を読むための知の実践について……小林康夫　9

「本」という「つながり」／本はどう読めばいい？／君にとっての一冊と出会う／私にとっての一冊の本／人生の出発点／この世界を生きていくための「秘密」／パリへの憧れが凝縮された本／自分のものではない大切な世界／「孤独」を学ぶ／世界を共有し、再創造（想像）する／正解がない問いを生きること／果てしなく人間を学び続けるために／性という人間の根源／読者が世界を作る／君自身の読書のために、大事な提案／質疑応答

ことばを得る読書……中島京子　33

読書専用の筋力／児童文学を再読してみる／エリザベス女王と「くまのパディントン」／コロナ禍で『モモ』を読み直す／主人公メアリの「かわいくなさ」／自分の好きなことが分かっていればいい／読む楽しさを取り戻す／『やさしい猫』と日本の国際化／日本の外国人政策の問題／嘘つきは全員日本を目指す？／移民・難民問題を考える際におすすめの本／「おかしい」と思えば変えられる／何かを表現したいという欲求／言葉を発見し、表現を獲得する／読書のマジック／質疑応答

知識やアイデアの引き出しを作る……長崎尚志　61

本の世界への逃避、ブラッドベリとの出会い／手塚治虫と白土三平について／編集者を目指すまで／編集者にバイタリティーは必要か／雑誌と作り手のキャラクターは

似る／「プロ」として中二脳になる／「つまらないものを持ってくるな！」／戦いを仕掛ける漫画家、応戦する編集者／創作とは模倣である／物語のパターン―『キリング・フィールド』『南極物語』を例に／いい編集者とは ①漫画編集者／いい編集者とは ②文芸編集者／映像の世界にいる人とは ①プロデューサー／映像の世界にいる人とは ②脚本家／本は知識の倉庫／創作活動の訓練／理想的な物語に必要なもの／創作の世界に参加するということ／質疑応答

本を読んで現実を歩こう――「読む」と「プロジェクション」 …… 長瀬　海 89

人間のこころと世界の認識／プロジェクションとは何か／「読書」というプロジェクションを発生させる源／『シンセミア』の舞台、神町へ ①到着／『シンセミア』の舞台、神町へ ②「パンの田宮」のモデル／『シンセミア』の舞台、神町へ ③認識の蠢き／本を読んで街を歩くときに、何が起きているのか／東浩紀「観光客の哲学の余白に」を読んで／偽物のイメージ／現実から本を読むための問いを掴む／質疑応答

森を読む、木を読む、本を読む――石牟礼道子『常世の樹』への旅 …… 今福龍太 111

「木」と「本」をつなぐ／『宮沢賢治 デクノボーの叡知』と『ぼくの昆虫学の先生たちへ』／本の自叙伝／『書物変身譚』／「本」の語源／ブナという言葉の種子／本と樹木の世界の密接な関係性／「孤独」の捉え方／自然が書いた普遍的な言語／アンゼルム・キーファーとパウル・ツェランについて／水俣病と石牟礼道子／「杢太郎少年の章」爺さまの語り／「常世の樹」としか名づけようのない巨樹／現在の栖本のアコウ樹をめぐって／わが聖樹／武満徹「雨の木 素描」

変わりゆく境界線に生きる人々……増田ユリヤ　139
取材への道／アメリカ－メキシコ国境と背景／命がけの砂漠越え／アメリカにおける移民・難民の現状／少年院に入るか、GPSをつけるか／「一九四五年を忘れてはいけない」／フランスの難民キャンプ／ドイツ第一主義の青年／〝MY DRESS MY CHOICE〟／違う考えを持つ人たちに向けて／コロナ禍での取材――カタリン・カリコ氏について／恩師の支えと手紙／現在の取材――ハンガリーの歴史から／安心して、安全な場所で暮したい／質疑応答

書物は世界への入り口……温 又柔　163
本を読むということ／新しい世界との出会い／中国語と台湾語、そして日本語との出会い／言葉のズレ／文字との出会い／言葉で世界を摑む感覚／中国語を身につければ……／言語とアイデンティティに揺れる日々／運命の一冊との出会い／「ことばの杖」を摑む／私は私でいい／質疑応答

かくこと・つくることがもつ力……小林エリカ　185
ジャンルを超えた創作活動／ユダヤ人の少女アンネと大日本帝国の少年だった父／父の日記との出会い／アンネの生を遡って／父の日記とキュリー夫人／「実験ノート」に残る指紋／「放射能」が歩んだ歴史／ベルリン・オリンピックのエンブレム／ウランを乗せたUボートの行方／個人の小さな歴史をめぐって／質疑応答

世界のニュース現場を読み解く……増田ユリヤ　209

現地に行かなければわからない／アメリカ中間選挙の取材／アメリカの不法移民たち／移民たちのドラマ／封鎖される国境・壁・移民／移民・難民の子として生きる／ヨーロッパを目指す難民たち／現地取材での問題／移民・難民排斥運動の現場で／**質疑応答**

フィロゾファーが、突然、空からおりてくる！……小林康夫 235
哲学者ってどんな人？／哲学という変な営み／哲「学」ではなく、「フィロゾフィー」／自然科学という理性／真理はどこに？／フランスの現代哲学の潮流の中へ／私なりの哲学へ／哲学の冒険／究極の希望／「女性」と哲学 ①シモーヌ・ヴェイユ／「女性」と哲学 ②ハンナ・アーレントとジュディス・バトラー／「女性」と哲学 ③アーシュラ・K・ル＝グウィンとマルグリット・デュラス／人生に同伴してくれる本を

読む―書く―考えるということ……明石健五 257
文章上達のための早道はない／「書く」ためには「読む」ことが必要／著者の思考を追体験する／すべて「わかる」ということはない／「わかる」ことへの不安／自らの頭で考えたことを人に伝える／思考が生まれ、言葉が立ち上がる場所／驚きから思考へ／人は「驚き」によって育てられる／知性を自らのものにするには／聞き上手は話し上手／教養部の授業は、読書ガイド／世界に溢れる六角形／知性を支えるベースをつくる／ポスト・トゥルース時代における「教養」／原稿をつくるときに気を付けること／文字を読むときの二パターン／本はいつ書き手の元を離れるか／どうぞ、こちらの世界へ

書名索引 296　人名索引 292　事項索引 288

凡例

・本書で言及される外国人名について
原則カタカナかつ普及している呼称で表記した。
例：Elisabeth von Österreich→「エリザベート」
漢字圏の人名は一部を漢字、一部をカタカナで表記する。
例：李良枝、例：キム・スム

・参考文献・読書案内について
本文中で引用されている書籍については、「参考文献・読書案内」として各講義末に記載している。

「参考文献・読書案内」は、講師による指定がある場合を除き、比較的入手しやすい近年の刊本を優先した。

「参考文献・読書案内」の並びは、原則、講義内で取り上げた順に並べている。

・引用について
引用文における（　）内は原文表記、〔　〕内は引用者の補足である。

引用文中の省略部分は〔…中略…〕としている。

本文で書名などに言及がなく引用されている場合は、引用文末にて（　）で出典を示すことにした。

・その他
本文にあるウェブサイトは、すべて二〇二三年四月二七日に最終アクセスした。

君自身の読書のために

——世界を読むための知の実践について

2022年11月2日、愛知県立大学

講師 小林康夫

こばやし・やすお＝東京大学名誉教授・表象文化論・現代哲学。著書に『クリスチャンにささやく』、『若い人たちのための10冊の本』、『君自身の哲学へ』、『表象文化論講義 絵画の冒険』、船曳建夫との共編に『知の技法』など。二〇〇三年にフランス政府より「パルム・アカデミック（教育功労賞）」シュヴァリエを授与される。一九五〇年生まれ。

📖「本」という「つながり」

今この瞬間に、ネットを通じて私とみなさんはつながっています。私は東京・神保町、みなさんは愛知。離れたところにいて、君たちとは日頃何の関係もない人間が、ネットを介すことで九〇分つながるわけです。同じように、「本」も「つながりである」という話をこれからしようと思います。

時代は今、大きく変化しています。私は現在、七二歳です。そしてみなさんは、私より五〇歳若い。この半世紀は、コミュニケーションや表現の方法に大きな変革が起こり、なお現在も進行中です。人類史上かつてない、メディア革命が起こっています。私たちは、このことを自覚しなくてはいけません。

たとえば、音楽を聴くこと。私が若いころは、三三センチのLPレコードが主流でした。それが手のひらほどのカセットテープになり、CDやMDになり、みなさんは今、ストリーミングで音楽を聴いているわけですよね。

本についていえば、一四五〇年頃に、ヨハネス・グーテンベルクが活版印刷技術を発明しました。それによって、同じ作品を何百人、何千人、何万人が読めるようになった。活版印刷が、どれほど人間の生活を変えたか。それから五七〇年。本の世界にも電子書籍やネットメディアが登場しただけでなく、書く／読むの主たる場がSNSへと移りつつあります。誰でも簡単に情報に接続でき、同時に膨大な情報が流れ込んでくる時代です。

みなさんが所属している大学という場所も、活版印刷、本の発明と無関係ではありません。本が生まれなければ、大学もなかった。逆も言えそうですね。ブックベースでなくなった世界では、大学がなくなるかもしれない。すでに今、各自の家からＺｏｏｍでつなげば、そこで大学という「場」が成り立っている。五〇年後、いや一〇～二〇年で、大学の場はすべてメタバースに移行しているかもしれません。

そういう大きな変化のなかで本のもつ意味が激しく変わりつつある時代を、私たちは生きています。だからこそ私は、今、本を読むことの意義を君たちに伝えたい。「それでもやっぱり本は大事だよ」と、言いたいのです。

📖 本はどう読めばいい？

今はネットを通せば、どこにいてもリアルタイムでつながることができます。けれど、本でしか叶わないつながり方というものもある。本という小さなメディアの中には、ひとつの「世界」が込められています。

今日は、そんな「本」の読み方をお話しする講座です。さて、本はどう読めばいいのでしょうか？すぐに結論を言ってしまえば、どんな読み方でもいい。寝ながらでも、逆立ちしながらでも、赤線をいっぱい引いてもいい。書き込みをしてもいいし、綺麗な包装紙に包んで、本棚に取っておいてもいい。後ろからでも、途中から読んでもいい。本は、どう読んでもいいのです。

けれど、ひとつだけ条件があります。それは「リスペクト」です。本を書いた人、本を作った人、ここに本が一冊あることへのリスペクト。この本には、これから私が「世界」を学び、人間を学ぶための鍵となることが書かれているかもしれない。リスペクトとは、そういう期待あるいは希望でもあります。それさえあれば、本は好きなように読んでいい。いや、好きなように読まなくてはいけない。

君にとっての一冊と出会う

本は「つながり」だと言いました。本のつながりとは何か考えたとき、私が思い浮かべるのは「ひとりの個人から、もうひとりの個人への秘密の伝達」です。

世の中にはいろいろな本があります。君たちは文学部の学生だから、よく読むのは小説かな。あるいは詩でもいい。紫式部でも石川淳でも黒田三郎でも、日本人ではなく、遠い昔に違う国で生きていた人……シェイクスピアでもダンテでもカントでもいい。

会ったことのない人たちの言葉が、本のかたちで君たちのところに届き、それを読む。あぁ、何百年も前にこんなふうに世界をうたい、世界を作った人がいたんだ。そう思えたら、その瞬間、自分とは関係のない人物だと思っていたシェイクスピアもダンテも紫式部も、この地球に生きていた同じ人間なのだと感じられるかもしれない。

本は、時間も空間も超えて君たちのところに届く。心をぐっと鷲掴みにされるような本に出会えたら、時間的・空間的に遠いところにいる人や、もうこの世にいない人とだって近づける。これはインターネットには、できないことです。

もちろん、すべての本がそうではありません。惹かれない本は、迷わず手放してしまえばいい。君たちは、自分の心をぐっと摑んでくれる本を読むべきです。先生や親に、「あれを読め、これを読め」と言われても、そんな言葉は、知ったことか！と取り合わなくていいのです。その代わり、あなたにとっての一冊、自分を鷲摑んでくれる本とは、出会おうとしなければ、出会えません。

重要なことは、一〇代、二〇代でなければ、本との一生ものの出会いは得られないということです。私はこれまでたくさん本を読んできたし、たくさんの本を書いてきました。七二年間、私は「本を生きてきた」と思っています。でも振り返ると、圧倒的に一〇～二〇代で読んだ本が心に残っています。

本棚や机の隅に置いている、私にとって大切な一冊の本。それについて考えるだけで、その本と出会った一八歳や二〇歳の私が立ちのぼってくる。そんな本に今、皆さんの年齢のときに出会わなければダメなんです。

若いうちは忙しいし、四〇歳になって余裕が出てきたら読もうなどと、後回しにしていたら取り返しがつかなくなる。あなたの人生への大切なギフトになるのは、一五歳から三〇歳ぐらいまでに読んだ本です。いい出会いをした本は、一生あなたについてきてくれるんです。

📖 私にとっての一冊の本

私にとって、大切な一冊の本のことを話したいと思います。大学に入ってすぐに出会ったその本が、どれだけ私の人生に付き添ってくれたかを。

それが、宮川淳さんの『鏡・空間・イマージュ』です。美術評論の本で、冒頭には「鏡について」という文章が掲載されています。

ポール・エリュアールは書く。

そして　ぼくはぼくの鏡のなかに降りる
死者がその開かれた墓に降りてゆくように

こんな世界があるのかと、驚愕しました。私は理系のコースに入学したのですが、この冒頭を読んだときの衝撃は今も覚えています。ここには理屈で説明するのではない、詩の世界が記されている。鏡は単にその表面に、自らの姿を映すだけのものではない。「ぼく」は鏡のなか、鏡の底まで降りていく。像はなく、影しかない、ここではない、どこでもない。自らのイマージュの世界の中に降りていく。それがあらゆるアートの根源なのだと書かれていました。

一九六七年に初版が刊行されたこの本を、私は発売後すぐに読んで、衝撃を受けた。とても打ち

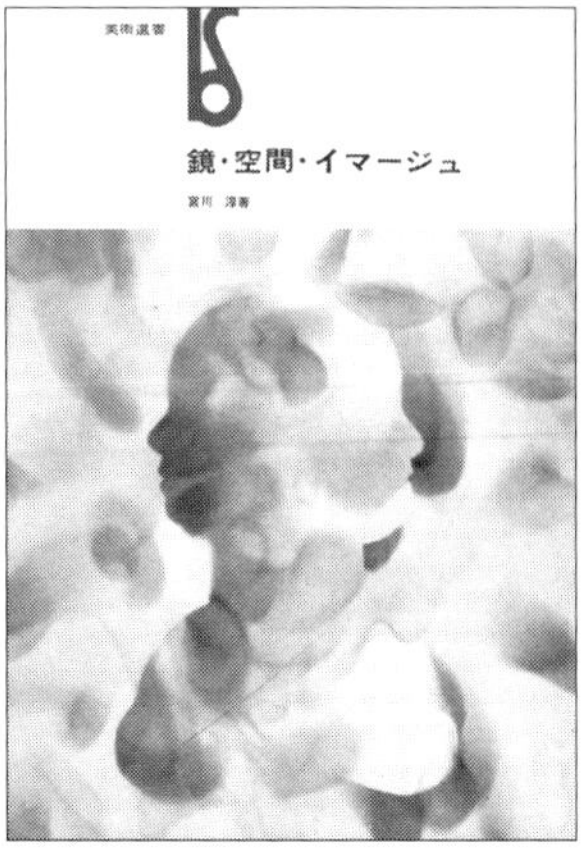

宮川淳著、美術出版社

のめされて、ここに広がっている世界を知りたいと思ったんです。このとき私は、新しい世界に出会ってしまった！

まずは著者の宮川先生の世界をもっと知りたくて、他の著作も読みました。しまいには、宮川先生を自分が通う大学に呼んで、授業をしてもらおうと考えるようになりました。

当時は、全共闘運動という学生運動が盛り上がっていた時期でもあります。私が入学した東大も、全学ストライキで講義がなくなり、大学が壊滅状態になった。その結果、救済措置のひとつとして、学生が外部の先生を呼ぶことができるという制度が始まったのです。

私は一年生か二年生でしたが、この制度を利用した第一号の学生でした。「宮川先生を呼びたい」。後に私の指導教官になってくれた、阿部良雄先生にそう言いました。すると、阿部先生は「あぁ、宮川くんか、僕の親友だよ」と言って、あっという間に話が通ったんです。そうして私は、宮川先生に講義のお願いに行きました。宮川先生は私のお願いを承諾してくださり、一年ほど、ロラン・バルトの記号学について、講義をしてくれました。

人生の出発点

宮川先生の講義は五、六人しかいない自主ゼミだったので、試験もレポートもありませんでした。

でも、私は自分が先生を呼んでいるし、根が真面目ということもあって、レポートも書かずに単位をもらっていいのか、ずっと気になっていました。

けれど二年後、レポートとは違う形で論文を提出する機会がありました。宮川先生は、美術系出版社が刊行していた雑誌『みすず』の「美術評論懸賞論文」の審査員をされていたんです。それを知った私は、あのとき出さなかったレポートを提出しなければ！と、夏の間に美術評論を書いて、応募しました。佳作に選ばれましたが、もらった賞金は運転免許を取るために使いました（笑）。

所属大学が違うので、本来であれば関わりがなかった宮川先生に、私は一冊の本を通じて出会うことができました。それ以降、ずっとお慕いしていた。先生がフランスのパリに滞在していたときには、私もはじめて憧れのパリに行きました。ところが先生は、突然病に倒れて、パリの病院に入院された。そして日本に帰って来て、四二歳という若さで亡くなられました。

私が美術評論やアートの仕事をするようになった原点には、『鏡・空間・イマージュ』と宮川先生との出会いが大きく影響しています。一冊の本が、私の人生の出発点となったのです。しかも私の場合、出会った本の著者が生きていて、東京で大学の先生をしていて、アクセスが可能だった。とても恵まれたケースでした。

📖 この世界を生きていくための「秘密」

『鏡・空間・イマージュ』が、その後の人生において、どれほど大事なものになったことか。手元にあるというだけで、この一冊は常に「私」の原点を思い出させてくれます。今では、しょっちゅう読み返すことはしなくなりました。それでも本箱にこの本があるだけで、自分がそこから出発して、ここまでやって来たということを感じられます。

このように、長年連れ添ってくれる本との出会いは、若い時期でなければ叶わないのです。本と出会うこと。それは、心や精神、自分という「人」を作ろうとしている時期に、自分からは、空間も時間も遠い場所にいる誰かが作り上げた世界と出会うことなのです。

君たちの現実の世界には、家族がいて、友だちが多少いて、先生がいて、帰る家があり街がある。それはあなたを包んでくれる大事な世界です。けれど、広い世界の中で自分を作り、ひとりで生きていかなければならなくなったとき、現実の狭さを感じるかもしれません。そんなとき、本は遠い世界と君たちを結んでくれます。そして、この世界を生きていくための「秘密」を教えてくれる。すごいことでしょう。

YouTubeやＺｏｏｍやテレビに同じことができるかというと、できないと思います。なぜなら文字で成り立っている本は、論理を持っているから。読者は論理によって、言葉を自らの内側に立ち上げていく。本を読むことで、自分の内部に本を作り上げるのです。

映画は映像を詩的につなぐことはできる。でも、その世界には文字による論理はない。だから、大方の映像メディアは情緒に流れていく。視聴者は自分の中に論理を立ち上げようとせず、受身で見ればいいのです。キャッチしやすいからこそ、倍速で見聞きして、情報だけゲットしようということになる。けれど、本はそれができない。言葉による論理の構築こそが、本の持つ重要な意味なのです。

📖 パリへの憧れが凝縮された本

私にとって、もう一冊の大切な本を紹介します。自著『若い人のための10冊の本』でも紹介しましたが、矢内原伊作さんの『ジャコメッティとともに』です。アルベルト・ジャコメッティは、スイス生まれのアーティストです。パリにある彼のアトリエで、モデルをつとめたことのある哲学者の矢内原さんが経験した一部始終が書かれている。人生で最も大切な本を聞かれたら、私は『ジャコメッティとともに』だと答えます。

矢内原伊作著、筑摩書房

素敵な表紙ですよね。ジャコメッティは常に手が動いていて、カフェでも新聞に人の顔をデッサンし続けていたそうです。そのデッサンが表紙になっています。

矢内原さんがジャコメッティのアトリエを訪ねたのは、一九五五年。彼に乞われて、連日モデルを続けました。そしてその間に、ジャコメッティの奥さんと恋愛関係になるのです。そうしたことが包み隠さず書かれているせいで、後にこの本は発禁になってしまうのです（笑）。

『ジャコメッティとともに』は、私にとってパリへの憧れが凝縮されたような本でした。アルチュール・ランボーの詩集や、ロマン・ロラン、サルトル、カミュ、サガンや、ゴダールの映画などを通じて、私にはフランスのイメージが複合的に形成されていました。その中でも、特にパリへの憧れを強烈に与えてくれたのがこの一冊です。読みまくったので、私の手元にある本は、ボロボロになっています。

自分のものではない大切な世界

私はかつて、こんなことを書いています。

『ジャコメッティとともに』が、当時二〇歳前後だったわたしの精神の中で爆発した。

私は人間の生というものが、根源的に途方もなく激しいものだと、この本を通じて知ったのです。

また、矢内原さんはこう書いている。

ジャコメッティは僥倖を当てにしない。彼が制作するのは破壊するため、破壊することによって一層真実に近づくためである。〔…中略…〕ぼくの人格は彼の激しい仕事によって押し流され、その奔流にのみこまれ、その仕事とともに呼吸していたのである。

激しいですね。ジャコメッティは三次元の矢内原を、二次元に存在させようとしています。それは一言で言うと、「終わりなき探求」であり、本質的に不可能なものへの挑戦です。

この本でジャコメッティと出会ってから、彼は一貫して私とともに歩いてくれています。ジャコメッティのアトリエがあった、パリの一角でしばらくボーっとしたり、東京のあるギャラリーで運命的に出会ったジャコメッティの一〇〇枚ものリトグラフ集を購入したりしました。彼が生まれたスイスの寒村スタンパにも、足を運びました。

この五〇年間、ジャコメッティというアーティストは、私の人生のパートナーであり、友だちのひとりなのです。彼の方は、私のことを知ってはいないけれど……。

『ジャコメッティとともに』を毎日読むわけではないし、常に彼のことを思っているわけではありません。でも、若いときに感動して読みふけった本は、一生ものです。どんなものよりも貴重なんです。

本を読むとは、そういう出来事なんですよ。そうでないなら、読んでもしょうがない。細かな内容など、覚えていなくたっていいのです。それでも、確かに残り続けるものがある。本の重みとか、手触り、心の動き……。

何より大切で、だけど自分のものではない世界。逆の言い方をすれば、私の世界でないにもかかわらず、その世界が何より大事で、やがて私自身の世界となる。そういうつながりが生まれてくるときに、人間でよかった、嬉しいと思うのではないでしょうか。

「孤独」を学ぶ

一冊の本を読むことで、著者の世界とつながることができる。裏返すと、本を読むことは「孤独を学ぶ」ことでもあります。

人は本質的に、根源的に孤独なものです。だけど、ひとり「ぼっち」ではない。孤独と言葉は、深く結びついていると思います。言語を通して世界に意味を与え、世界を解釈し、自分の世界を作り上げる。そのことと人間の孤独は、切り離せません。

だからこそ、本が必要になるんです。私の世界の場合、掘り進めていくと、どこかで宮川先生やジャコメッティにつながり、そこには彼らの世界と共有できる何かがある。

もちろん私が理解しているジャコメッティの世界と、ジャコメッティが生きてきた世界は違うでしょう。ジャコメッティが聞いたら、「小林は全然わかっとらんな」と言うかもしれない。でも、そんなことはどうでもいいのです。本の受け止め方に、正解なんてないのだから。ジャコメッティにはジャコメッティの真理があり、私は私なりに、ジャコメッティに向き合い対話して、自分を掘り進めていった先で真理を受け止める。

ジャコメッティを実験することは、できません。自然科学と違い、ひとつの絶対的に正しい方程式があり、実験で答えが確認できるなんてありえない。でも、彼の生き方のどこかに私が共鳴することで、そこに「関係」が生まれてくる。

ジャコメッティの真理を知ることは、私が私自身の人生の中に大事なものを見つけ、確認することでもある。本を読むことの意味とは、これに尽きます。

📖 世界を共有し、再創造（想像）する

本には、著者というひとりの人間の世界が刻まれています。同時に、その世界は著者だけのものではない。その本を読んだ読者の世界にもなります。私の世界とは、それぞれ独自のものであり、他の人に譲渡できないものです。けれど、「世界」であるがゆえに、共有することができるのです。

そこに内側からつながることを許すのが、本です。人文科学という学問の根底にも、通じることですね。自分以外の人間の世界にアクセスするためには、こちらもひとつの世界をもっていると自覚する必要があります。

自分とは異なる時代を生きた人や、異なる文化圏の人と、本の中では出会うことがあります。そのとき、私たちの内側にさまざまな人と共有できる深い世界がなければ、見た目も考え方も、言葉も文化も違う人々と分かりあうことは難しい。分かりあうことを拒否すれば、愛国主義や独裁主義に走ることになってしまうでしょう。

本を通じて私は、スペイン人の詩に胸打たれ、ブラジルの人の文化に興味をもち、アフリカの人の人生を語る小説に衝撃を受け、仏陀の教えに考えを馳せています。一〇〇%の理解はできないと

しても、私の世界において誰かの世界をシェアすること。それによって、「意味」が生まれ、同じ世界を生きることができる。

本を読むことがもたらす世界の再創造（想像）は、とても貴重で重要な体験です。

📖 正解がない問いを生きること

もう少し本の話を続けましょう。

人生において最も重要なこととは、「出会う」こと。ただひとつ、それだけです。人に出会うことが、何より大事です。自分が生きていることの「意味」を与え返してくれるのは、自分以外の人間だからです。

パスカル著、前田陽一・由木康訳、中央公論新社

人間が生きていることの意味は、誰かと出会うことによってしか得られません。本は、そのレッスンになります。本の中に登場するのは、生きた人間ではないかもしれない。著者の多くは幽霊かもしれない。けれど、本と出会うというのは、未知の誰かと出会うということです。それが重要なのは、繰り返しになりますが、人は根源的に孤独なものだからです。

高校時代の私にとって、パスカルという哲学者の『パンセ』と、中原中也の詩集が、大切な二つの本でした。

『パンセ』は、断片が寄せ集められたメモの集合のような本です。だから読み終えるということなく、重たい本を図書館から借りだしては、何度も読み返していました。

宇宙は、人間に対してまったく無関心です。人間は宇宙に対して、まったくの無力です。突如として地震は起こるし、新型コロナもインフルエンザも蔓延する。宇宙は私たちの生になど、かまってくれない。人間なんて、宇宙にとってひとひねりのちっぽけな存在です。でも人間には「考える」力があり、「知る」力がある。

『パンセ』の最も有名な「考える葦」の断片からは、そのようなことが読み取れます。この宇宙がどのようにできていて、そこで人間はどのように生きるべきか、人間とはなんなのか、そういう根源的な問いを、誰もが無意識のうちに抱えています。

孤独と言葉には深い関係があると、先ほど言いました。孤独とは孤立ではなく、大きな宇宙と、一個の人間である君が向かい合い、ひとりで考えるということです。

人間にとって重要なことは、正解がない問いを考え、正解がない問いを生きること。そしてこの世に存在する本は、その問いに答えようとしています。どんな本も、人間がこの世界で生きるとはどういうことかを、それぞれに考えているのだと思います。正解がない問いを、教条的にではなく、自分で納得しながら考えることを、本は助けてくれるのです。

果てしなく人間を学び続けるために

日本の高校までの教育には、必ず正解があります。でも、大学は正解がない問いを追い求める場所です。正解があるのであれば、ひとりの作家についてたくさんの人がそれぞれに研究して、本を書く必要などないでしょう。夏目漱石についての何百冊もの研究書など、必要がなくなります。

文学研究とは、正解がない問いを考え続けた先に、「私は夏目漱石の正解はこれだと思う」と提出する営みです。そこでは、「私」と夏目漱石の共謀関係が起こる。ここに人文科学の根幹があります。

もっといえば、漱石が解けない謎なのではありません。私たちひとりひとりが、解けない謎なのです。

中原中也著、佐々木幹郎編
KADOKAWA

中原中也の「汚れつちまつた悲しみに」という詩は、次のように始まります。

汚れつちまつた悲しみに
今日も小雪の降りかかる

この「悲しみ」とは何か。どうして「汚れつちまった」のか。『若い人のための10冊の本』で、私なりに考えています。詳しくはそちらを読んでいただくとして――、悲しみを抱えた「かれ」と「世界」との間に、純粋な美しい「小雪」が降ってくる。そこに、人間であることの悲しみと「尊厳」が立ちのぼる。人間は、「世界」のなかに存在する「心」を歌うことができるのです。

つまり、君の「生」と君との間には「意味」がある。君の生に意味を与えるのは、君自身です。どんな人生も未完成です。この命題を、私はたとえば作家の三島由紀夫に対して言いたい。三島由紀夫は自らの生に完成を求めて一九七〇年に市ヶ谷駐屯地で腹を切って死にました。違うだろう。「人間であること」の意味を、一生学び続けるのが人間だろうと、私は三島に言ってみたい。三島の壮絶な生き方に、私は言い続けます。「人生は絶対に未完成だ。未完成でなくてはいけないんだ!」、と。

性という人間の根源

それから、もうひとつ重要なこと。それがセックスです。性教育とは違いますよ。人間にとって性というものがいかに根源的で、本質的なものなのか。そういったことは、誰も教えてくれません。性は教えられない「秘密」だから。でも文学は、そこに触れようとしてくれています。

私は『若い人のための10冊の本』で、村上春樹の『ノルウェイの森』を通して、性のレッスンについて考えました。あらゆる文学・芸術の根底には、この問題があるといっていい。村上春樹のように鮮やかに示す人もいれば、その問題に作中で一切触れない人もいる。しかし、表現するとは孤

小林康夫著、筑摩書房

独を乗り越えて、自分のなかに湧き上ってくる激しいエネルギー——性と向かいあうことです。

文学を通じて、君たちは性についての秘密を学ばなくてはいけない。性教育ではなく、またけっしてポルノではなく。

村上春樹は、自作についてこう語っています。「成長」とは、「人々が孤独に戦い、傷つき、失われ、失い、そしてにもかかわらず生き延びていくことなのだ」。

世界とは何か、人間とは何か。それを学ばせてくれるのが、文学です。孤独の極限において、他者との「交わり」が開かれうることを、一篇の小説は教えてくれるのです。他者に対する「責任」の限界点において「性」は現れる。そのとき、小説は他者ひとりでは味わうことのできない「生」の歓びを与え返し、贈り（送り）返す。人と人とが向かい合い、つながり合うこと。そんな「性」の不思議をも、本は感じさせてくれるのです。

📖 読者が世界を作る

いろとりどりの本の世界にも触れておきましょう。一冊目は、イギリスの物理学者スティーヴン・ホーキングの『ホーキング、未来を語る』です。ＡＬＳという難病で身体が不自由であるにもかかわらず、広い広い世界の創造を成し得た人ですね。ホーキングは、宇宙の「はじまり」には「限りがない」ことを理論的に説明した。書くことは、人間にとっての真理を書きとめることとも言えるのです。

それから、こちらも私の人生の大事なパートナーである、アメリカの女性作家アーシュラ・K・ル＝グウィンの『ゲド戦記』。ドラゴンや魔法使いが出てくる架空の世界のお話で、小学生でも読めるような分かりやすい内容です。我々の生きる現実世界が、いかにファンタジックな場所か。ファンタジーこそが、世界の根底にある。そんなことが込められた物語です。私たちは言語によって想像することで、この現実に意味や価値を付与して生きている。ル＝グウィンほど、世界の広がりを見せてくれた人はいません。

ホーキングのように物理学的な側面から、世界とは何か、宇宙とは何かという問いに答えようとする本もあれば、ル＝グウィンのように、壮大なファンタジーの世界を教えてくれるものもある。ル＝グウィンは言っています。「読んでいる読者が本を作る。本を意味へと導く」、読むとは非常に神秘的な行為だと。

本当にそうです。私たちは読むだけで、作者の作った世界を自らの中にありありと立ち上げることができるのですから。

君自身の読書のために、大事な提案

これから一〜二年の間に、七二歳まであなたのそばに置いておける本と出会うこと。これを今日、みなさんに決意してほしいです。それは図書館や本屋に行けば、すぐに見つかるというものではない。それでも絶対に見つけるというつもりで、本と接してみてください。どこかに、一生涯付き合ってくれる友だちが必ずいるはずだ。そういうつもりで、本を探して欲しいのです。

自分にとって大事な作家を見つけたら、その人の著作を全部読むことを提案します。ひとりの人間が、人生を賭けて書き上げる世界はどんなものか。それはね、恐ろしいものですよ。どれもひと続きの、同じ世界。だけど全て違う世界です。何を学び得るかはわからないけれど、自分の愛する作家が、どのように生きて書いたのか。その人生を感じてほしいです。

もうひとつの提案は、その世界を理解するために、あなたたちも書くことです。小説家を目指してくださいということではありません。まずは、自分のノートを一冊用意します。そこに記すのは、情報でもなく、約束でもなく、課題でもなく、日記でもない。自分の中に湧き上がってくるものを、書きとめていくんです。毎日、午後四時の空の色を描写するのでもいい。一回だけなら意味がないけど、三年間続けてみると、何かになるから。

自分が書く側に立って、初めて分かることはたくさんあります。書くことを通じて、初めて本当に「読む」ことができるのです。ショパンの楽譜を見ただけでは、音符が並んでいるだけです。でも自分が弾く側に立てば、どのぐらいの強さで弾くのか、叩くのか。それによって、立ち上がってくる音の世界がまったく異なることが感じられます。

自由とは欲望のままに、何をしてもいいのではない。何かを「すること」なんです。書くというのは、自分が自由であることを証明する方法のひとつです。課題だから書くのではない。私は自由だと証明するために、書く。自由がどれだけ辛く、厳しいか。それも書くことによって、自覚できます。

読むだけでは、その世界を楽しませてもらって、スイッチオフ。楽しかったで、おしまい。でも、もう一歩深く、本がもたらしてくれる世界を味わってほしい。本だけがもっている手軽さと深さ、そこから立ち上がってくる世界を、あなたも、大事にしたいと思ってくれたら嬉しいです。

またどこかでお会いしましょう。

質疑応答

Q1　本と出会うきっかけを教えてください。

小林　誰かがすすめている本が必ずいい、なんてことはありません。むしろ信用しない方がいい（笑）。友だちにすすめられたからいい本かどうかなんて、分かりません。本当は自分だけの「秘密」とでもいうように、密かに本と出会うのがいいんだよね。

そのためには、日常的に図書館をぶらぶら散歩することをお勧めします。決まった本を探しに行くのではなく、図書館を彷徨って、表紙を見て、タイトルを見て、感覚で選ぶのがいい。

何かを調べる目的で図書館に出かけると、情報を手に入れることに絞られてしまう。そうではなく、あなたの生き方に迫ってくる本と、どうしたら出会えるか。胸がときめく人間との出会いに近いので、絶対の方法などはない。強いて言うなら、自分のもつ力を信じることでしょう。何百冊もあるタイトルの中から、なぜだか手がスッと伸びた一冊。そういう直感は、馬鹿にできないんです。幸せな出会いは何度もあるわけではないけれど、出会いを繰り返していくと、なぜかだんだん熟練してきます。

明日から、図書館散歩を週に二回しようと、決めるといい。ぶらぶらしながら気になった本に手を伸ばしてみる。ちょっとでも惹かれる言葉があれば借りればいいし、四ページ読んで嫌になったら返せばいい。そのうち、最初の三行を読んだらピンとくるようになります。最初のフレーズはとても大事です。

もっと本に対して、自由になろう。本は自由の産物であり、自由の象徴だから。何かの目的のためとか、何かを学ぶためとか、そういうことに囚われて選んでいるうちは、本と親密な関係にはなれません。

何億冊もある本の中から、これからあなたの人生に付き添ってくれる本を見つける。そのためには、出会いに対して自分の心と感覚が開かれていなければなりません。予期しないものに対して、心を開いておくこと。その感覚があれば、本だけではなく、幸せに出会えますよ。

参考文献・読書案内

小林康夫『若い人のための10冊の本』筑摩書房、二〇一九年

＊

宮川淳『鏡・空間・イマージュ』美術出版社、一九六七年
矢内原伊作『ジャコメッティとともに』筑摩書房、一九六九年
パスカル『パンセ』前田陽一・由木康訳、中央公論新社、二〇一八年
中原中也『汚れつちまつた悲しみに』KADOKAWA、二〇一六年
スティーヴン・ホーキング『ホーキング、未来を語る』佐藤勝彦訳、SBクリエイティブ、二〇〇六年
アーシュラ・K・ル＝グウィン『ゲド戦記』全6巻、清水真砂子訳、岩波書店、二〇〇九年

ことばを得る読書

2022年12月23日、東洋英和女学院大学

講師

中島京子

なかじま・きょうこ＝小説家。出版社勤務を経て渡米。帰国後、二〇〇三年に『FUTON』でデビュー。著書に『彼女に関する十二章』、『やさしい猫』（第五六回吉川英治文学賞・第七二回芸術選奨文部科学大臣賞）、『ムーンライト・イン』（第七二回芸術選奨文部科学大臣賞）、『夢見る帝国図書館』（第三〇回紫式部文学賞）、『小さいおうち』（第一四三回直木賞）など。一九六四年生まれ。

📖 読書専用の筋力

はじめまして、小説家の中島京子です。本日はご参加いただきありがとうございます。今日は読書への誘い、本を読む楽しさについて、私なりにお伝えできればと思っています。

といっても、そういう話ができるかは正直自信がなくて……。なぜなら、「本を読む」のは、楽な行為とはいえないからです。ハードルを上げようとしているわけではないのですが、本を読むには、読書専用の筋力――〝読書筋〟が必要だと私は思っています。

そもそも作家というのは、基本的に本を読んで暮らしています。本を読んでいないけれど作家になる人はいない。というより、そういう人は作家にはならない。サッカーを見たことがない人が、サッカー選手になろうと思わないことと同じですね。

もちろん、作家が全員、読書家なのかといわれるとそうではありません。あまり本を読まない人もいて、人それぞれです。ただ、作家になる人は人生のどこかで、のめり込むようにして本を読んだ経験があるように思います。

そんな作家である私でも、ちょっと忙しくて読書から離れる期間があると、読書筋が落ちてしまいます。すると、しばらくの間は、一冊の本を読み通すのが大変になってしまう。

作家なのに本を読まないことがあるの？と、不思議に思うかもしれません。でも、たとえば自分の作品の執筆中。こういうときは、他の物語に入り込めない。読もうとしても、なかなか物語の世界に入っていけないので、あえて長篇を読んだりはしないんです。そういう時期を抜けて、再び読書をするようになると、次第に普段のカン——〝読書筋〟が戻ってきます。

児童文学を再読してみる

読書筋のトレーニングのために、いきなり長篇に挑戦する必要はないように思います。大長篇を読むには、実際の体力もある程度は求められますし。まずは、エッセイや短篇といった軽めのもので、本を読む感覚に慣れることをオススメします。それと、子どものころに読んでいた児童文学の再読も、読書筋を鍛えるきっかけになります。

みなさんは子どものとき、どんな物語を読んだでしょうか？

中島京子著、世界思想社

私は今年（二〇二二年）の夏に、『ワンダーランドに卒業はない』という本を世界思想社から刊行しました。児童文学についてのエッセイ集で、私が子どものころに読んだ一八作品を紹介しています。

この本を書くために、私はあらためて児童文学を再読しました。子どものころに何度も読んだ物語でも、久しぶりに読んだので、まったく内容を忘れている作品もありました。

子どものときは、好きな本を繰り返し読んでいたけれど、大人になるにつれて、一冊の本を何度も読むことはしなくなります。でも、実は大人になってから児童文学を再読してみると、いろいろ新しい発見や驚きがあって面白い。昔と同じような気持ちになれるだけでも楽しいし、当時はまったく気づきもしなかった物語の背景に目が届くようになっていて、考えが深まることもあります。子どものときに大好きだった本があれば、ぜひもう一度、読み直してみてください。きっと、新しい出会いになります。

📖 エリザベス女王と「くまのパディントン」

児童文学に関連することで、ひとつ興味深いお話をします。先日、英米文学を中心に翻訳されている翻訳家の金原瑞人さんとお会いしました。そのとき、金原さんが大変面白いことを言っていたんです。

イギリスの話ですが、アンケートで人気作家を調べたところ、一位がロアルド・ダールだったそうです。映画『チャーリーとチョコレート工場』の原作、『チョコレート工場の秘密』という作品を書いた、子どもに人気のイギリスの作家です。

驚くべきことに、このアンケートは子どもから大人を含めて調査した結果なんですね。『一九八四年』を書いたジョージ・オーウェルなどもランキングに入っているのですが、その首位にロアルド・ダール！　びっくりですよね。

イギリスの児童文学の人気具合は、別の話からもうかがえます。二〇二二年はいろんなことがあって、イギリスではエリザベス女王が八月に亡くなられました。国をあげての立派な国葬など、二ュースでご覧になった方も多いと思います。

その少し前、六月にバッキンガム宮殿でエリザベス女王の在位七〇周年をお祝いするコンサートが行われました。コンサートの最初に、ある映像が流されました。「パディントン」というくまのキャラクターと、エリザベス女王のお茶会の様子が映されていました。

「パディントン」はイギリスの作家、マイケル・ボンドの児童文学作品『くまのパディントン』に登場するキャラクターです。彼はマーマレードが大好きで、いつもマーマレード・サンドイッチを持ち歩いているんですね。

映像では、パディントンが「緊急事態に備えていつも持っているんです」と言って、帽子からマーマレード・サンドイッチを取り出します。すると、女王もにこやかに笑って、「私も」とハンドバッグからサンドイッチを出すんですよ。このかわいい動画は、今もイギリス王室公式のYouTubeチャンネルで見ることができるので、もしよければ見てください。

面白いなと思うと同時に、少し羨ましさも覚えました。だって、普通に考えてすごいことですよ。エリザベス女王とパディントンですから。ロアルド・ダールといい、パディントンといい、イギリスでは本当に児童文学が愛されている。『チョコレート工場の秘密』や『くまのパディントン』のような物語を、大人が読んでも何もおかしくないという雰囲気があるのでしょう。

📖 コロナ禍で『モモ』を読み直す

話を戻して、せっかくなので『ワンダーランドに卒業はない』の中でどういう本を取り上げたのか、紹介します。まず一冊目は、ミヒャエル・エンデ『モモ』。有名な作品なので、読んだことのある人もいると思います。

モモは身寄りのない孤児です。でも、町の住人たちに可愛がられていて、彼女は町のコミュニティの中で生きている。モモは人の話を聞くのが上手な少女です。住人は老若男女問わず、困ったことがあるとモモを訪ねて悩みを話します。

ミヒャエル・エンデ著、
大島かおり訳、岩波書店

けれどあるとき、時間を独占しようとする「灰色の男たち」が現れた。「灰色の男たち」は、町のみんなから時間をどろぼうします。すると、時間を盗まれた住人たちは忙しくなって、モモに会いに来なくなるんですね。大人は仕事に追われ、子どもは勉強ばかりになってしまう。そこでモモは立ち上がり、「灰色の男たち」から時間を取り戻すための戦いを始めます。

この小説は、説明をつけやすい作品でもあります。時間に追われて、見失ってしまうものがあるのではないか。ちょっと説教くさいところもあるかもしれません。そんな『モモ』をコロナ禍のときに再読して、私はある発見をしました。

まず、「灰色の男たち」は、『モモ』では悪役として登場します。時間を奪うのも、悪者っぽい感じですよね。これを念頭に置いておいてください。

緊急事態宣言が出たとき、「不要不急」という言葉をよく耳にしたと思います。要と急以外は外出禁止。音楽会も、映画館での映画鑑賞も、舞台鑑賞もだめ。遊園地も動物園も、公園も閉まってしまった。友達と遊ぶのも、外食も控えなければならなくなりました。

楽しいことが全部だめになってしまいましたよね。けれど、あのときは仕方がないことだった。感染が拡大すれば病床がひっ迫してしまい、命を落とす人が増えてしまう。ステイホームするしかありませんでした。

そんな状況で『モモ』を読むと、なんだか「灰色の男たち」が正しく見えてしまいました。同時に、「灰色の男たち」は絶対的な悪役ではなかったのかもしれない。そんなことも、考えました。

ファンタジーだけではなく、現実世界でも大切なことや楽しいことを奪われるのは、起こりえる。重要なのは、それをどこまで許容するかです。誰かが突然やって来て、「あなたたちが楽しむことを禁止します」と言ったとき。それをどこまで受け入れるか。「みんなのための制限」は、本当に正しかったのか、あとで検証する必要もあるでしょう。そういうことをいろいろ考えさせられて、とても面白い再読体験になりました。

主人公メアリの「かわいくなさ」

次に紹介するのは、フランシス・ホジソン・バーネット『秘密の花園』です。バーネットは『小公子』や『小公女』を書いた作家ですね。幼いころの私は、『秘密の花園』が本当に大好きでした。

主人公は、メアリ・レノックスという女の子です。物語の始まりがかなり悲惨で、疫病コレラによって両親を亡くしたメアリはひとり、イギリスに住む叔父さんに引き取られます。叔父さんは大きなお屋敷に住んでいるのですが、無口で彼女のことをかまってくれない。親切にしてくれるお手伝いさんもいるけれど、基本的にメアリはほったらかされていました。

その屋敷には、大きなお庭がありました。メアリは庭をよく散歩していて、ある日、「秘密の庭」の存在と、そこに入る鍵を見つけます。そこでメアリは、誰にも言わずにこっそり秘密の花園の再生を始めるんです。

フランシス・ホジソン・バーネット著、羽田詩津子訳、KADOKAWA

なぜ私は、この作品が好きだったのか。大人になって読み直して、その理由が分かりました。まずは、メアリの「かわいくなさ」。性格も生意気でカンシャク持ちで、どうも彼女は、「かわいくて綺麗な見た目の女の子」としては、描かれていない。

みなさんが少女小説をどれくらい読まれているかは分からないのですが、少女小説の主人公って、まあ、なんとなくかわいい子のように設定されていますよね。かわいくないと周りから言われていても、本当は美人で魅力的とか。たとえば、『赤毛のアン』。アンはそばかすだらけで、赤毛の痩せっぽちで、彼女もそのことを気にしている。でも、実はそれがアンの魅力で、男の子にも好かれます。

だけどメアリは、器量がよくないとか愛想が悪いとか、顔色が悪いとかさんざん書かれている。冒頭で「こんなにかわいげのない子どもは見たことがない」とまでいわれていて、しかも、それに対するフォローの描写もない。

アンだったら、そんなことを言われたら石板で相手を殴っています。石板を相手の頭にたたきつける少女、怖いですよね（笑）。『赤毛のアン』を知っている人は、いま私がなんの話をしたのか、わかったと思います。

自分の好きなことが分かっていればいい

最近は、ルッキズム――人を外見で評価することに抵抗する風潮も生まれ始めています。そうは言っても、やっぱり綺麗で痩せていた方がいいというのが本音なんでしょ、という雰囲気が昔はあったし、今でも根強いのは事実です。けれど、「そのままでいいじゃん」って言葉に頷ける環境が、確実に整ってきています。

多分メアリは、今の時代の空気に合っている少女です。彼女は地味な女の子だけれど、自分の見た目を気にしない。メアリの関心が向けられるのは、もっぱら庭です。自分の大事なこと、好きなことが分かっていれば、それ以外はどうでもいい。そういうところに、幼いころの私は惹かれたのだと思います。

彼女は叔父さんに欲しいものを聞かれたとき、「土地を少し」と答えるんですね。メアリは服やおもちゃではなく、草花を植えられる地面が欲しい。また、お手伝いさんに子ども用の小さなシャベルと熊手をもらったときは、それが嬉しくて嬉しくて仕方がないんです。よくないですか、メアリ。やっぱり好きだなぁって、『秘密の花園』を再読して思いましたね。

小説に直接、「メアリの地味さが魅力です」と書かれているわけではありません。でも、地味な子が主人公になっているところに私は励まされるし、惹かれます。

📖 読む楽しさを取り戻す

だから、やっぱり児童文学の再読をおすすめします。なぜ惹かれたのか、その理由が分かれば、自分にとって大切なこともわかるかもしれない。大人になって、小学校高学年向きの本を読むのはどうなのだろうなんて、気にしなくていいんです。

いわゆる文芸作品は、児童文学のように挿し絵はありません。だから、文字だけで想像力を膨ませる力が必要になる。それに疲れたり、読書を久しぶりにしようかなって人は、まず児童文学を再読して、読む楽しさを取り戻すのも一手です。

あるいは、児童文学にも名作や傑作といわれているものがあります。もし、子どものときに別の作品に夢中になって、そういう作品を読まなかった人は、これを機に手を伸ばすのもいいですよね。ロバート・ルイス・スティーヴンソン『宝島』は、一〇〇年以上も前から世界中で楽しまれてきたものなので、本当に面白い冒険小説です。

他にもジーン・ウェブスター『あしながおじさん』は、ブックガイドとしておすすめです。主人公の少女ジュディは大学生なので、彼女が読んでいる本を読んでみる。古典もたくさん出てくるので、本当にいいブックガイドになります。そういう視点で読んでみるのも、楽しいはずです。

📖『やさしい猫』と日本の国際化

ここからは、自分の本の話もしようと思います。長い間作家をしているので、たくさん本を書いてきました。その中でも今回は、『やさしい猫』という作品を紹介します。

中島京子著、中央公論新社

『やさしい猫』は、私にしては珍しく、ひとりでも多くの方に読んでもらいたいと思って書いた物語です。それこそ、小学校高学年くらいから読めるように書いたつもりです。どういう作品か、少しだけ説明しますね。

語り手は高校生の女の子マヤちゃんです。彼女の母親ミユキさんはシングルマザーで、スリランカ人の青年クマさんと恋をする。ミユキさんはクマさんと再婚することになり、マヤちゃんの家は三人家族になりました。

クマさんは、自動車整備工場で働いている整備士です。ところがその工場が倒産し、失業してしまいます。彼は必死で職探しをするのですが、ビザの期限が切れてしまった。ビザが切れると、在留資格がなくなるので非正規滞在者となります。しかも、日本には対象者を本国に強制送還できる法律がある。帰らない人は「全件収容」といって、理由は関係なく収容施設にいれることもできます。

クマさんは日本人女性と結婚しているから、特別滞在許可をもらえそうですよね。でも、実際はそうではない。「あなたたちの結婚は偽装で、日本にいたいから結婚しているふりをしているだけだ。許可はあげられないから、帰ってください」。そんなことを、入国管理局からいわれるんです。本人たちからすると、結婚は嘘でもなんでもない事実です。でも嘘だと決めつけられて、クマさんは入管の収容施設に入れられてしまう。

そこから、マヤちゃんたち家族は権利を主張して戦うことになります。これが『やさしい猫』のあらすじです。

📖 日本の外国人政策の問題

みなさんは、二〇二一年の三月、スリランカ人の女性ウィシュマさんが名古屋の入管施設で亡くなられた事件を覚えていますか。『やさしい猫』も入管の問題を描いていますが、この小説を書いていたのは、ウィシュマさんの事件が起きる前のことでした。クマさんは死なないけれど、小説と事実が似てきてしまったことに、ちょっと恐ろしさを感じました。

日本の外国人収容施設は、かなり劣悪な環境です。十畳くらいの部屋に、六人くらいが押し込まれていたりする。ウィシュマさんは、収容されてから二〇キロも体重を落としました。病院に連れていってくださいと、彼女は何度も言ったそうです。けれど、外に出たいから言っているんだろうと、なかなか医療に繋いでもらえなかった。最後は歩行が困難になって、食事もとれなくなって亡くなられました。とんでもない話だと思いませんか。しかも残念なことに、日本の入管施設で亡くなった外国人はウィシュマさんが最初ではないし、最後でもないんです。

先ほど、ミユキさんとクマさんの結婚が偽装だと決めつけられたと言いましたよね。同じような例は、現実に何件も起きています。日本の外国人政策のところどころに、「外国人は嘘をつく」という発想がある。そこまでではなくても、外国人を怖いと思う感覚は、日本社会全体に漂っている。大きな問題です。

日本にいたいから、嘘の結婚をしている。収容施設から出たいから、病気だと嘘をついている。本当の難民じゃないのに、難民申請をしている。もちろん、嘘をついている人もいるでしょう。けれど、日本にやって来る外国人がほとんど嘘つきなんて、考えにくいですよね。

📖 嘘つきは全員日本を目指す？

日本の難民認定率は1％以下です。移民ではなく、難民です。迫害などによって、母国にいると命の危険があるから逃げてきた人たちですよ。他の先進国だと、認定率はだいたい二割を超えています。だって、難民は命を守るためにやって来ているんですから。だけど、日本では99％以上の人が不認定なのです。

たとえばカナダだと、六割くらいは認定されます。少し考えると、変だなあと思いませんか。これだとまるで、嘘つきだけが日本を目指していることになる。本当の難民はみんなカナダに行くけど、難民を偽装する人は日本に行く。だから、99％は嘘つきだって言っていることと同じです。1％以下の、低い低い針の穴ほどの認定率をめがけて、嘘つきが全員日本を目指すなんて、おかしな話ですよね。

『やさしい猫』のクマさんは、難民ではなく移民です。移民は、日本を生活の場にしようと思って母国を離れてきた人で、日本国内にたくさんいますよね。クマさんは自動車整備士だけれど、コンビニやスーパーで働いている人も、みんな在留資格を持っています。

でも、何かのきっかけでそれが切れてしまうことはある。日本人と結婚していて、結婚証明もビザも持っている。でも、何か不幸があって相手の日本人が死んでしまうと、ビザが無効になって、非正規滞在者になってしまうこともあります。その人に子どもがいても、収容対象です。子どもをどうやって育てるかなどには、なんのフォローもないというのが、日本の実状です。

移民・難民問題を考える際におすすめの本

子どもについていえば、日本生まれ日本育ちの子どもでも、親が非正規滞在だと生まれた途端に非正規滞在者になります。アメリカでは、親が不法移民であっても生まれた子どもは、アメリカ国籍を取ることができる。フランスでは、五年間フランスで生まれ育っていれば、国籍が取得できます。でも日本には、そういう制度が一切ない。

みなさんの中には、国際社会学部の学生もいて、国際社会について考える機会が多いと思います。今お話ししたような、日本の外国人政策の問題がこれからどうなるのか。それを考えるきっかけとして、『やさしい猫』を読んでもらえると嬉しいです。

あわせて、移民・難民について書いているおすすめの本を一冊紹介します。ノンフィクション作家の佐々涼子さんの『ボーダー　移民と難民』です。実は、私が『やさしい猫』執筆のための取材をしていたとき、佐々さんはこの本の取材をされていた。偶然、取材先でお会いしたこともあります。

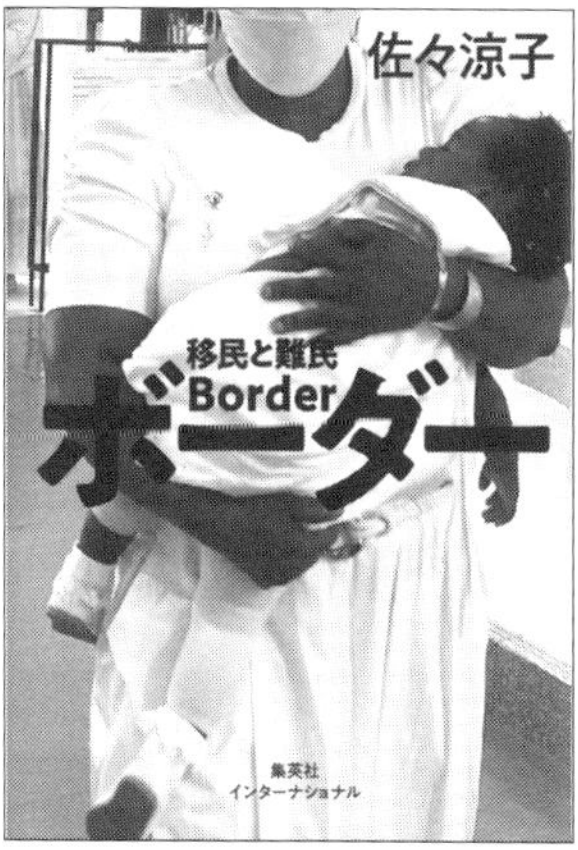

佐々涼子著、
集英社インターナショナル

私が書いたものは小説なのでフィクションですが、佐々さんの本はノンフィクションです。『ボーダー』には、非正規滞在者が日本でどういう生活をしているのか。その人たちの声や現実がたくさん書かれています。

📖「おかしい」と思えば変えられる

先ほど、『やさしい猫』は珍しく多くの人に読んでもらいたい本だと言いました。作家として、自分の本が売れることは、嬉しいです。でも、特に小説は、その作品を面白いと思ってくれる人がたくさんいなければいけないものではない。ひとりでも多くの人に読ませたいと書き手が思うのは、少し強欲な気がします。それよりも、気にいって読んでくれる人がいることが、大切だと思っています。『やさしい猫』に関しては、読んでほしいというより、ここに書いた問題を知って欲しいという気持ちがあります。私は日本の入管施設のことを知ったとき、衝撃を受けました。ウィシュマさんではないのですが、収容中に病気で亡くなった方のことを聞いたんです。病気だったのに病院に連れていってもらえず、救急車も呼んでもらえずに亡くなった。その事実を聞いて、本当にショックを受けました。だって、日本ですよ。私が生まれ育った国の機関で、そんなことが起きているなんて。

それから在日外国人の境遇などを調べ始めて書いた小説が『やさしい猫』です。みんなが「おかしい」と思えば、私たちの国のことですから、変えられるはずです。佐々さんもそう思ったから、『ボーダー』を書いたと思います。何十年も前から、日本の移民や難民を支援してきた人もいる。そういう人が増えていけば、社会はいい方向にきっと変わります。

📖 何かを表現したいという欲求

最後に、何かを表現したいと思うのはどういうことなのか。何かを伝えたい・表現したいと思ったときに、手がかりになる話ができないか。少し考えてみたので、そのお話しをして、講義を終えようと思います。

人間は、何かを伝えたいという欲求を持っている生き物です。しかも、それはけっこう強い欲です。たとえば、美しいものを見たとき。違和感を覚えたとき。あるいは、何か発見をしたとき。些細なことでも、伝えた方がいいと感じると、人は「表現」を探します。

講義の最初の方で、翻訳家の金原さんとのお話しをしたと思います。金原さんは、「ヤングアダルト小説」という分野を日本に紹介した人でもあるんですね。ヤングアダルトはひとつの文芸分野なのですが、比較的新しいジャンルで、一九六〇～七〇年頃に登場しました。

なぜ、ヤングアダルトが誕生したのか。一九六〇～七〇年代は、世の中の価値観が大きく変わった時期でした。世界的なトピックとしては、ベトナム戦争が勃発し、ドラッグが流行したりした。

でも、こういう価値観が変わる時期の少年少女を扱った文学作品はなかったんです。それで、その時期に思春期を過ごさなくてはいけなかった子ども向けに、ヤングアダルト小説が書かれるようになった。だからヤングアダルト小説は基本暗いと、金原さんはおっしゃっていました。もちろん、すべてが暗いわけではないと思いますけどね。

言葉を発見し、表現を獲得する

みなさんはまだ大学生で、十代の方もいますよね。でもきっと、辛いことや悲しいことを抱えていたりするでしょう。人には言わないし、「そんなことはない」と思っているかもしれませんけれど。そういうときに寄り添ってくれる作品として、ヤングアダルト小説は誕生しました。若い人たちが感じる、違和感や痛み。そういうものを書いている作品が、七〇年代前後に必要だったのです。

では、ヤングアダルト小説が出現するまでの人類は、それなしで大丈夫だったのか？　そういうわけでもなくて、その年代のときに読まずにはいられない作品が、やっぱりありました。そんな本を読んで、そこに自分の姿を発見したり、モヤモヤしていた気持ちに当てはまる言葉を発見する。そうすると、その言葉を使って自分を表現したり、モヤモヤを外に出すことができるようになります。読書の大きな喜びです。

書くことと読むことは、つながっている。私はそう思います。表現欲求を絵やダンス、音楽にする人もいるでしょう。その中で、本は言葉を使って表現する媒体です。自分の内にあった、違和感みたいなものを言い表している言葉を読むことで、その表現方法を獲得できる。もし何かを言葉で表現したいと思うのであれば、読むことが入り口になります。

📖 読書のマジック

本を読むと、世界が広がる。その通りだと思いますが、私の感覚に即して言えば、本を読むと「自分の表現方法」を見つけることができるという方が近い。表現したいことは、実は自分の中にすでにあって、本に書かれている言葉を通して、それを外に出すことができるようになる。そういう風に感じるんですね。

ただ、よくありがちなのは、読んでいる本の中から必ず自分を見つけようとすることです。共感できるものや、知っているもの、自分に近いものを探しながら読む。そういう読み方は読書の入り口としてはいいけれど、それだけだともったいないです。

まったく違う時代、異なる国、知らない文化の人が書いた作品。そういうものを読んでいるときに、自分が知っている感情に近い表現を発見することがあります。すると、それがストンと自分の中に入ってくる瞬間がある。自分とはまったく違うと思っていたことが、自分のものになる。それが読書のマジックだと思います。

こういう経験を重ねるだけでも、楽しいものです。でも、そのうち自分も言葉で何かを表現したいという欲求が強くなるかもしれない。コップにお水が溜まっていくように、表現したいって気持ちがいつか溢れてきます。

ただし何かを伝えたり表現したいと思ったときに、自分の中だけを掘り返しても、なかなかうまくいきません。でも本を読んでいると、自然と言葉のストックが貯まっていく。それで、あるとき、自分の言葉で伝えてみたくなるんです。

表現も読書に近くて、訓練しなければ上手くはできません。だから短いものを書いてみたり、素敵だなと思ったものを素直に言葉にしてみる。無理に自分の中から言葉を探し出さず、綺麗な花を描写すると、いいトレーニングになると思います。

才能だけでは、作品を書くことはできない。練習を重ねることで、やっとできるようになります。書くことが楽しいと思えれば、みなさんの人生の楽しみのひとつになるはずです。

質疑応答

Q1　中島さんは大学生のころ、どのように過ごされていたのでしょうか。

中島　私が作家としてデビューしたのは、三九歳のときでした。かなり遅い方です。

でも、大学生のときから書くことで生きていきたいとは思っていました。ただ、とりあえず就職しないとお金がないので、大学卒業後はまず、日本語学校の事務職に就職した。

日本語学校の事務を選んだのは、二つの理由からです。ひとつは、大学生のとき中国語を勉強していたので、中国語を活かせる場所だったこと。ふたつめは、学校事務であれば比較的残業が少なくて、家に帰って小説を書く時間がつくれるかなと思ったからです。

事務を辞めた後に、フリーライターになりました。それから編集者になって、またそれも辞めてアメリカに留学したりしました。いろんなことをやって、二〇〇三年に『FUTON』という作品を書き、ようやく作家になることができたんです。

そんな私の大学時代を振り返ると、びっくりするくらい、好きなことしかしていないんですよね。当時は、キャンパスマガジンみたいなミニコミ誌の作成が楽しくて。友達と一緒にコラムやエッセイ、格好つけていえば、社会批評みたいなものも書いていました。小説もこっそり書いていたけれど、それは私だけの秘密でしたね。長篇小説を初めて書き上げたのは、大学生のときでした。

それと芝居の脚本を書いていて、友人と一緒に上演しました。劇団に入っていたわけではないので、有志を募って私が脚本を書いて、演出も担当した。上演したのは、大学四年生のときです。就活してくれよって時期ですね（笑）。

ただ、勉強に一切興味がなかったわけではありません。私は史学科の学生だったので、歴史を学んでいました。専攻は近現代史で、明治時代を生きたある人物をテーマに卒論を書きました。そのころは、芝居の脚本や小説を書く方に比重が傾いてはいたけれど、それでも歴史を学ぶのは嫌いではなかった。卒論を書くために図書館に一日いたり、調査対象が青森の人だったので現地にも行きました。そういう経験は、作家になってからすごく活きているなと思います。

Q2　これからどういう風に大学生活を送るといいか、アドバイスをいただきたいです。

中島　大学って、何をする場所なんだろう。私の経験と照らし合わせて考えてみると、物事の調べ方や見方を学ぶところではないかと思うんです。

先ほど述べた通り、私は歴史学が専攻でした。そこで学んだのは、歴史から世界を見る方法です。私は、真面目な学生とはいえなかった。けれど、歴史を通して、私たちが生きている今の社会を見る視点はいつの間にか身についていました。

『小さいおうち』や『夢見る帝国図書館』など、近現代を題材にした歴史小説も私は書いています。歴史ものは特に、執筆のために相当な調べものをするのですが、学生時代に学んだことが役に立っています。自分でも驚きでした。

好きなことって、誰に言われなくてもしてしまうものです。だから大学生のときは、その想いに従って、好きなことをした方がいい。勉強しなくていいと言っているのではありませんよ。学生である以上、勉学は強制ですることになりますから。

でも、そうやって学んだことは、知らず知らずのうちに、みなさんの筋力になっているはずです。社会人になってしばらくすると、大学の勉強が活かされていると感じる瞬間が来ると思います。

遊びも勉強も含め、学生生活を楽しんで、全うしてください。

Q3　私は在留資格を持たない学生の受け入れに関心があって、卒論では在留外国人の児童の教育をテーマに研究しています。でも、こういう問題は私ひとりで解決できるものではないし、社会に考えを発信していく方法も分からない。自分の研究は、現実社会への貢献にならないのではと考えてしまうこともあります。社会に貢献したり発信する手段として、何かいい方法があれば教えてください。

中島　まず、そういう質問をいただけただけで、十分な貢献になっています。私は今、とても嬉しいし、希望をもらえたと感じています。講義が終わったらすぐ、在留外国人支援をしている人たちに、「学生からこんな質問をもらったよ！」と伝えようと思います。きっと、みんな私と同じくらい喜ぶはずです。次の世代を担っていく学生に、この問題を真剣に考えてくれる人がいる。それなら、これからの社会は大丈夫だろうと思えるんです。

自分の国が、外国人に対してひどいことをしている。その現実を、ひとりでも多くの人が知ることが大事なことだと思います。大きな活動はしなくても、友人に自分の研究について話すだけで、素晴らしいアクションになります。自分は無力なんて、思う必要はありません。卒論を書いているだけで、大貢献です。

多くの人たちの小さな行動が、大きな力になった例を紹介します。ウィシュマさんの事件は、二〇二一年三月のことでした。同じくらいのタイミングで、入管法を改正しようという動きが国会では起きていた。

いい方に変わるなら変えた方がいい。でも、そのときの改正はより悪い方に向かおうとしていました。たとえば、難民申請をしている外国人でも、三回めの申請以降は強制的に母国に送還していいというのです。日本が批准している難民条約では、難民申請者を強制送還してはならないと禁じているにもかかわらずです。お話しした通り、難民は母国にいると殺される可能性があるから逃げてきています。それなのに強制送還なんてしたら、本当に命を落としてしまうかもしれないのです。

また、退去命令に従わない人には、刑事罰を設け、刑務所に入れてしまうという、という案も盛り込まれていたんですね。

そんな法律はとんでもないということで、多くの方がネットやSNSを通じて声を上げました。入管法改悪を止めようと署名活動をしたり、「いいね！」やリツイートで反対の意思を示しました。その結果、なんと入管法改正案は廃案となった。審議未了といって、これ以上審議しても採決できないから取り下げられたんです。

そのとき、移民や難民の支援をしていた弁護士は、泣きそうになっていました。滞在許可のない、選挙権さえ与えられない人たちのために、こんなに多くの人が動いた。その声が国会にまで届いたなんて、この国の歴史上初めてのことだ、と。

私たちひとりひとりは大きなアクションはしていません。署名をするとか、リツイートをしただけです。でも、その小さな行動を多くの人が行い、大きな力になった。なんでもない、一般の人たちが法律の変更を止めたのです。

じつは、このときのとんでもない入管法改正案、というか改悪案ですね、これが、ほとんど修正なく今国会（2023年通常国会）で提出されそうになっているんです。もう一度、市民の力で改悪を止めるために、私たちはまた小さなアクションを起こせるはずです。

Q4 『長いお別れ』という作品を読んで、とても感動しました。特に、お父さんが亡くなるシーンの描写には暗さがなく、優しくて柔らかくて、とても印象に残っています。この中に登場する娘さんの職業はフードコーディネーターですが、その描写もとても分かりやすかった。『長いお別れ』を書いているとき、どういうことを意識されていたのでしょうか。

中島　読んでいただき、ありがとうございます。

『長いお別れ』は、認知症のお父さんと家族の十年間を描いた連作短篇集です。どんな小説でも、執筆前後にいろいろな下調べを行います。この小説も調査をしてから執筆を始めましたが、他の作品とは少し異なる背景があります。

まず、フードコーディネーターの方とは、雑誌の編集者時代に何度か一緒にお仕事をしたことがありました。取材ではないけれど、具体的に仕事を見聞きしていたんですね。その経験が描写に反映されていると思います。

それと、私の父が認知症をわずらって亡くなったので、自分の介護の体験も入っています。フィクションなので違うところもありますが、影響は受けていますね。

『長いお別れ』では、お父さんの死をダイレクトには描写していません。そもそも書き始めたときには、お父さんが死ぬかどうかも決めていなかった。書きながら結末を考えていったのですが、悲しい終わり方にはしたくなかったんですね。

人は、いつか必ず死にます。人生には必ず終わりがある。けれど、同時に継承されていくものもあるはず……。人の死って、そういうものだと思いながら書いた物語でした。

Q5 人間や世の中のことを知りたいと思ったとき、難しい本ではなくて児童文学やファンタジーからでも学ぶことができると、お話を聞きながら思いました。物事を考えたりするときに、大切なのは何だと思われますか。

中島 何かを考えるということは、想像力を使うことだと思います。

私の友達に、理系で活躍している女性がいます。彼女は小説を書いているわけではなく、日夜微生物を研究している。その彼女が、こう言っていました。「理系も文系も、使っているのは想像力だよ」。仮説を立てて、実験をして、答えを見つけ、世界を理解していく。これはどうなるんだろう、なぜなんだろう。そういう疑問を考えるとき、想像力を使うと彼女は言います。

想像力は人間の重要な能力で、小説やファンタジーの特権ではありません。ただ、小説はそこに特化した芸術です。それを読むことは、世界を知るうえで役に立つのではないでしょうか。

『ワンダーランドに卒業はない』で、ジュール・ヴェルヌ『二年間の休暇』を取り上げています。ヴェルヌは『月世界旅行』など、SFの古典を書いた人ですね。

NASAで働いている人とお話ししたとき、ヴェルヌが『月世界旅行』を書かなかったら、宇宙開発は何十年遅れていたか分からないと言っていました。SFが宇宙の研究に与えた影響は、実はとても大きい。その人も、子どものころ夢中になって『月世界旅行』を読んで、今の職業に繋がっているそうです。

「人間が想像できることは、人間が必ず実現できる」という言葉を、ヴェルヌは残しています。本当にその通りです。想像力は、人間にとって本当に重要なものをつかさどっている。人の根幹には、想像力があります。それを物語の形で楽しんで、やがて自分のものにする。読書って、そういう営みなのだと思います。

参考文献・読書案内

中島京子『ワンダーランドに卒業はない』世界思想社、二〇二二年
中島京子『やさしい猫』中央公論新社、二〇二一年
中島京子『長いお別れ』文藝春秋、二〇一八年

＊

ロアルド・ダール『ロアルド・ダール コレクション2 チョコレート工場の秘密』クェンティン・ブレイク絵、柳瀬尚紀訳、評論社、二〇〇五年
マイケル・ボンド『くまのパディントン』全10巻、ペギー・フォートナム画、松岡享子訳、福音館書店、

二〇〇九年
ミヒャエル・エンデ『モモ』大島かおり訳、岩波書店、二〇〇五年
フランシス・ホジソン・バーネット『秘密の花園』羽田詩津子訳、KADOKAWA、二〇一九年
L・M・モンゴメリ『赤毛のアン』村岡花子訳、村岡美枝・村岡恵理翻訳編集、講談社、二〇二一年
ロバート・ルイス・スティーヴンソン『宝島』中山善之訳、柏艪舎、二〇二〇年
ジーン・ウェブスター『あしながおじさん』谷川俊太郎訳、安野光雅絵、朝日出版社、二〇一八年
佐々涼子『ボーダー　移民と難民』集英社インターナショナル、二〇二二年
ジュール・ヴェルヌ『二年間の休暇　上・下』私市保彦、岩波書店、二〇一二年
ジュール・ヴェルヌ『月世界旅行　詳注版』W・J・ミラー注、高山宏訳、筑摩書房、一九九九年

知識やアイデアの引き出しを作る

2022年6月24日、明治大学図書館

講師

長崎尚志

ながさき・たかし＝漫画原作者、小説家、脚本家。大学卒業後、出版社に就職。編集者として二〇年間勤務。手塚治虫、白土三平、さいとう・たかを、浦沢直樹、高橋留美子氏などを担当。週刊マンガ誌編集長を経て独立。主な漫画作品に『MASTERキートン』、『MASTERキートンReマスター』、リチャード・ウー名義で『卑弥呼』、『クロコーチ』、『ディアスポリス』、『警部補ダイマジン』など。小説に『闇の伴走者』、『パイルドライバー』、『風はずっと吹いている』、『キャラクター』など。映画脚本に『キャラクター』、『20世紀少年』（一部〜三部）など。

📖 本の世界への逃避、ブラッドベリとの出会い

私は小説や漫画の原作、映画の脚本などを書いています。本に関わる仕事をしている立場から、今日は本と自分の仕事の関係を中心にお話しします。脇道に逸れることもあるかと思いますが、お付き合いください。

まず、どうして本を好きになったのか。一言でいうと、子ども時代、現実逃避したかったからです。自分の将来に漠然とした不安があって、本の世界に走ったわけです。

小学生のころから読書好きでしたが、心の底から小説を「面白い！」と思ったのは、五年生のときでした。レイ・ブラッドベリの『何かが道をやってくる』を読んで、そのストーリー展開と表現力に衝撃を受けたのです。

レイ・ブラッドベリ著、
大久保康雄訳、東京創元社

ブラッドベリは、現代アメリカを代表する小説家です。ジャンルとしてはSFや幻想小説が多い。一〇年ほど前に亡くなりましたが、今でも信奉者がたくさんいる人です。ブラッドベリの作品に出会って、SFやファンタジー、ミステリー小説に惹かれて、それらを中心に読むようになりました。

運の良いことに、中学・高校時代はちょうど、海外文学の中でもファンタジー小説がたくさん翻訳され始めた

時期でした。夢中になったのは、J・R・R・トールキンの『指輪物語』。映画『ロード・オブ・ザ・リング』の原作ですね。それと、アーシュラ・K・ル＝グウィンの『ゲド戦記』。宮崎駿氏の息子・吾朗さんが映画化したので、作品名は知っている人が多いでしょう。魔法使いの主人公の成長を描く連作長篇で、ユングの心理学が下敷きになっています。

他には、ロイド・アリグザンダーの『プリデイン物語』、アラン・ガーナーの一連の作品も大好きでした。

手塚治虫と白土三平について

子ども時代、小説に比べると漫画はあまり手に取っていなかったと思います。けれど手塚治虫と白土三平の作品だけは特別で、熱心に読んでいました。

手塚治虫さんは「神様」といわれる漫画家です。五〇年代、『鉄腕アトム』で一躍有名になった人です。その後も描く作品は傑作ぞろいでしたが、アトム以降、常に人気作家だったわけではありません。でも七三年、『ブラック・ジャック』を発表して、再びブレークしました。

白土三平さんは二〇二一年に亡くなった時代劇漫画の巨匠です。今の学生はあまり読んでいないでしょうが、六〇年代から七〇年代にかけては、大学生の中では一番の人気漫画家でした。白土さんの代表作である『カムイ伝』は、忍者が主人公です。内容は、弱い立場にいる人や、差別されている人が立ち上がって権力者と戦い、勝利寸前までいくが、結局押しつぶされてしまう……そうい

手塚治虫著、復刊ドットコム

った歴史観がテーマでした。戦後の社会に疑問を持っていた当時の学生やインテリ層には、まさにバイブルだったわけです。

いまやふつうに大人が読む漫画——つまり青年漫画を確立させたのは、手塚さんと白土さんの二人だったと私は思っています。そんな彼らの作品を理解するには、文学や哲学などの教養が必要です。なぜなら手塚作品の背景には、ドストエフスキーやトルストイ、日本やフランスの古典文学などがあるし、白土作品は、マルクス主義やプロレタリア文学が下敷きになっています。

当時の私は、彼らに影響を与えた古典を読まなければと思ってはいたものの、そういった本に手を出すことなく、中学、高校を卒業しました。

📖 編集者を目指すまで

高校を卒業した私は、一年ほど就職しました。そして、悟ったことがあります。自分は、まったく社会人に向いていないということです。要領が悪いとか、努力不足といった問題もありましたが、時間通り出社するとか、社則に従うとか、上から命令されることがとても嫌だったのです。

そこでもっと生きるための武器が必要だと実感し、大学に進学することにしました。みなさんと同じ明治大学です。入学すると、仕事をしているときには読めなかった本を読み漁りました。ドストエフスキーやユングの本、哲学書、白土・手塚作品に影響を与えたであろう作品……たくさん読みましたが、結局、これからの人生に対する回答は出ませんでした。

実は大学生のときに一度、ファンタジー小説を書いて、大手の児童文学の出版社に持ち込んだことがあります。作家になれば、この管理社会から抜け出せるのではないかと妄想したからです。ファンタジーは自分で世界を創造できるので、社会の仕組みが分かっていなくても、取材をしなくても書けるはずだ。そんなとんでもない思い上がりの下で書いた作品でしたが、一応、担当編集者がつくレベルではあったみたいです。ただ、その人にこう言われました。

「あなたにはこのジャンルで作家になれる可能性が、少しだけある。でも、作家になっても食えないよ」

それでもなりたいんだろうか、その覚悟があるのかどうか悩みました。

そして結論が出ないまま、就職活動の時期を迎えてしまいました。さて、どうするか。社会に向いていないことには自信があります。だから、どういう会社であれば働けるのかを考えました。思いついたのは、次のようなものでした。

①朝早く出社しなくていい

②スーツは重要なときしか着なくてよくて、髪型や服装は自由

③上司がうるさくなくて、給料の高いところ

ふざけているのかとお思いでしょうが、この条件に当てはまる会社を真剣に探しました。親しい

教授に相談したところ、次のような答えをもらいました。

「それは君、大手の出版社の編集者くらいしかないよ」

以上の消極的かつ空想的な理由から、私は編集者を志望しました。

📖 編集者にバイタリティーは必要か

就職率はかなり良い時代でした。ただし、「就職で重要なのは、バイタリティーだ」と真剣に言われていたころです。とにかく、元気な人が求められていたわけですね。

対して私は、大学の就職支援課の職員と模擬面接をすると必ず、「君にはバイタリティーの欠片も感じられない」と批判されました。私のほうは、職員がとても傲慢に感じられましたが、今考えれば向こうも私の本性を見抜いていたのでしょう。

さて、出版社に求められるのはどういう人か。先に、経験に基づく結論を申し上げます。

少なくとも編集者に関しては、バイタリティーは必須条件ではありません。誤解がないように補足しますが、「やる気が見えなくても大丈夫」という意味です。なぜなら、作家の中には、元気な人をウザいと感じるタイプが一定数いるからです。だから出版社では、バイタリティーが見えない人も採用します。

そういう考えがあったからでしょうか、私はある出版社に拾われました。

ですが、後に人事採用者から聞いた話ですが、私の会社では、バイタリティーがあってちゃんとした人は営業や販売、宣伝、広告部に配属させる。バイタリティーだけしかない人は、週刊誌や芸能誌の編集部へ。バイタリティーはイマイチだが、偏差値の高い人は文芸や辞書、教育誌の編集部に行きます。全部がない、言いかえれば社会人として無理そうな人は、問答無用で漫画誌編集に配属したそうです。

あくまで、私が入社したころの笑い話です。

📖 雑誌と作り手のキャラクターは似る／「プロ」として中二脳になる

先ほど、手塚治虫や白土三平を愛読していたという話をしましたね。偶然にもその会社は、両作家に青年漫画誌というジャンルを提供し、売り上げを伸ばしていたところでした。そんなことを入社後に知るあたりも、私が就活にどれほど消極的だったかわかりますよね。

研修中、漫画部門の担当重役が講義に来ました。当時は男女雇用機会均等法の制定前だったので、新入社員は男性だけです。私を含めた十人ほどの新人に、その重役は質問しました。

「君たちは勉強ばかりしていて、漫画はほとんど読んでこなかっただろう。でも、どんな漫画を知っているのか気になるから、好きな作品名を挙げてみてくれ」

重役の言った通り、同期の大半は本当に読んでいなかった。小学校のころの古い漫画のタイトルばかりを挙げるんですから。比較的読んでいたのは、私をふくめ二人だけでした。私は手塚さんと白土さんの名前と彼らの作品を述べ、もう一人は少女漫画の世界を熱く語っていました。おそらく

白土三平著、小学館

この講義がきっかけで、その重役がかつて創刊した青年漫画誌の編集集部に配属されることになったのだと思います。

入社後に気づいたのですが、雑誌と、その雑誌を作っている編集者はキャラクターが似てきます。芸能誌の人は噂好きになるし、週刊誌の人は、まるで社会を背負っているような顔で、日本の未来や経済について語るようになる。少女漫画の担当者はやさしそう。青年コミック誌担当は少し皮肉屋で世の中を斜めに見ていて、少年誌編集者は中高生みたいなハツラツとした人が多いという印象でした。

事前にいただいた質問の中に、「現在の『週刊少年ジャンプ』の二大傑作と呼ばれる漫画を読んだけれど、非常に中二くさくて自分にはよく分からなかった」というものがありました。少年漫画が中二くさいのは、当然のことです。なぜなら少年誌の編集者は、中二の脳にあえて自分を改造していくからです。もちろん少年漫画の連載作家は、なおさらその作業が必要です。ですから、彼らの行動も中二っぽくなるわけです。これは揶揄ではなく尊敬です。重要なのは、それを「プロ」としてやっている点です。だから『週刊少年ジャンプ』は、ずっと売れ続けている。編集者がプロとして自ら中二脳になるところが、本当に頭が下がるわけです。

📖「つまらないものを持ってくるな！」

漫画雑誌の編集者になった私に、話を戻しましょう。

編集者は、担当作家から漫画の原稿を締め切り通りもらって来る、それが一番重要な仕事だと思っていました。けれど、つまらない内容の原稿を持って編集部に戻ると、校了のときに編集長や副編集長が怒るんです。

校了とは、校了責任者（編集長や副編集長）が連載作品や記事全部のチェックをする最終段階の仕事です。全ページに誤字脱字がないか、差別用語がないか、物語が誰かを傷つけていないか、道徳的に正しいか、ストーリーに矛盾がないか……そういったものを吟味します。

その校了段階で、私が担当した漫画家の原稿を読んだ校了者から「こんなにつまらないものを持ってくるな！」と、怒られるわけです。自分が書いたわけじゃないのに……と最初は不満でした。けれど今では、彼らの言っていることはもっともだと思います。その理由は、漫画の担当編集者は原稿ができあがる過程に大きく関わっているからです。

漫画は、

1 漫画家と編集者が頻繁に打ち合わせをし、作品のストーリーを決める

2 漫画の設計図である「ネーム」で、編集者が内容を確認する。場合によってはアドバイスし、もっと面白くしたり、ストーリーやキャラクターを変更してもらう

3 原稿完成⇩校了

つまり担当編集者は漫画家と同じく、毎回毎回の作品に責任があるわけです。ですから、編集長は私に怒ったのです。「何回も打ち合わせているのに、こんなにつまらないものを通したのか!?」というわけです。

📖 戦いを仕掛ける漫画家、応戦する編集者

上に怒られたくない一心で、私も頭を使うようになりました。事前にストーリーを考えたり、ネームの段階でよりよいアイデアを作家に提供したりするためです。当然ながら、それでも編集長に怒られる場合はあります。けれど自分も加担しているので、面白くないと言われたときに反論ができるようになりました。

漫画家は自分が描きたい内容は事前に考えているので、ある程度確信のある状態で打ち合わせの場にやって来ます。対して編集者は、相手が何を言い出すか分からない状態で臨まなければなりません。戦いを仕掛ける漫画家、応戦する編集者と考えていただければ、両者の関係が分かりやすいでしょうか。

漫画家が決めたルールと舞台で戦わなければならない編集者に必要なのは、どんな事柄に対しても答えられる引き出し……つまり幅広い知識、及び雑学です。それを身につけるには、ふだんから本を読んでいなくては不可能です。

たとえば打ち合わせで、「こういう作品を書きたいんだけど」と漫画家から相談されたとしまし

ょう。その話を聞いた私は、内容が似ている作品が過去にないか考えます。漫画家の中には、読書好きや映画好きもいれば、一切そういったものに接していない人もいます。後者だと、既存の作品とほとんど同じストーリーを、知らず知らずのうちに考えてしまったりするのです。そういう場合、上手く違う方向に持っていく。漫画家のアイデアがイマひとつのときは、同じタイプの既存作品の面白いところを伝えて、少しだけ近づけさせる。そういうことを行うのが、編集者の仕事なのです。

　こういうことが面白くて、自分の予想よりも長く会社員を続け、幸運にも編集長になりました。けれどそこで、目標がなくなってしまった。次は管理職が待っていましたが、絶対会社に迷惑をかけるし、無理だろうと感じていました。それにまだ挑戦したいこともあった――漫画の原作を書く、小説を書く、脚本家になるという、今している三つの仕事への挑戦です。それで退社して、現在に至ります。

長崎尚志著、新潮社

創作とは模倣である

　事前質問の中に、「唯一無二の作品を作るにはどうするといいですか」というものがありました。でも、いままで誰も考えつかなかった唯一無二の作品なんて、この世に存在しません。天才漫画家の藤子・F・不二雄さんも、似たようなことを言っていたそうです。失望しないでほしいのですが、創作とは模倣です。人類は何千年も前から神話や伝説を創作し、物語を記してきました。だから、そっくりな話が世界のどこかに必ず存在するのです。

「プロ」と付く作家や編集者、プロデューサー、脚本家は、「物語のパターン」を頭の中にいくつも持っています。彼らはある作品を読んだり観たりしたとき、構造の似ている他の作品を多数挙げることができるのです。私はこれこそを「才能」と呼んでいます。つまり知識の積み重ねや反復練習によって、物語を生み出すためにすべき努力を知っているということです。

プロが持っているのは、天賦の才などではなく、努力の才なのです。

📖 物語のパターン——『キリング・フィールド』『南極物語』を例に

「物語のパターン」を具体例で説明しましょう。

一九八五年にアカデミー賞を三部門受賞した映画『キリング・フィールド』と、一九八三年に日本で大ヒットした邦画『南極物語』——この二作のラストは、同じ構造を持っています。

前者はカンボジアの虐殺が主題で、ピュリツァー賞を受賞したシドニー・シャンバーグというジャーナリストの体験を映画化したものです。簡単なあらすじだけお話しします。

〝ベトナム戦争〟と〝カンボジア侵攻〟での米軍の撤退が決定的となったとき、アメリカ人従軍記者シャンバーグは、カンボジア人通訳、無二の親友プランを、どうにか亡命させようと奔走します。しかし計画は失敗し、彼はプランを残して母国へ帰らざるを得なくなりました。

一方プランは、ポルポト恐怖政権下のカンボジアで強制収容所に収容されます。そこは知識人だとバレたら、必ず殺害される虐殺収容所でした。プランは脱獄に成功し、死屍累々のキリングフィールドを横断し、タイに亡命します。

帰国後もプランのことを気にかけていたシャンバーグは、彼がタイの難民キャンプに避難したという情報をつかみます。置き去りにしたことを謝罪したい、でも自分をきっと恨んでいるだろう。そういった不安を胸に難民キャンプまで足を運んだシャンバーグは、プランと再会を果たします。「僕を許してくれるかい？」と、シャンバーグが問うと、プランが驚いた顔で答えます。「え、何を言っているんだい？」と。

シャンバーグの予想に反して、プランは彼のことをまったく恨んでおらず、同じ思いで再会を喜んでいたのです。

一方の『南極物語』は、南極観測隊員と犬ぞり用の犬たちの物語です。

悪天候に阻まれ、調査を断念しなくてはならなくなった隊員たちは、帰還のために荷物を限界まで減らさなくてはなりません。そこで、今まで世話になった一五匹のカラフト犬を南極に置き去りにしたのです。犬が南極で生き延びるのは不可能と分かっていながら、泣く泣くの決断でした。

一年後、隊員二人が再調査のために再び南極へ向かいます。そして、奇跡的に生き延びた二匹の犬と再会します。犬たちが丘の上から嬉しそうに彼らの元へ走ってきて、映画の幕は降ろされます。

このように絶対に自分を恨んでいると思っていた相手が、恨むどころか再会を純粋に喜んでくれる――このパターンは、観客を感動させる黄金の法則のひとつです。
上記二作が同じ構造の物語なのは、おわかりいただけたと思います。こういった「パターン」を学び、読者を惹きつける構造を知っている人が、創作者として、この業界で生き残れるのです。「アイデアが降ってきた」みたいなことを言う人もいますが、それが本当であれば、その人は一作か二作しか創れないでしょう。

📖いい編集者とは　①漫画編集者

ここで、事前質問の中でも多かった「どういう人が創作の世界にいるのか」という問いにお答えしましょう。あくまで、私が知っている範囲でですが……。

まずは、今までお話ししてきた漫画編集者。

一般的にいえば、小説や映画が賞の候補になるのは、刊行後か作品公開後ですよね。対して漫画は、連載途中に与えられることが大半です。だから話題になっている時期だけしか読まない読者も多い。最終巻になると、最盛期と比べて刊行部数が半減することは珍しくありません。漫画は、他の創作物と比べ、連載のその過程が非常に重要な勝負どころなのです。だから漫画家は、編集者と常に相談し、作品を創り上げていく。

編集者視点で見れば、作家と頻繁に会う生活をしているということになります。

こういう事情があるので、お互い気が合わないと大変なストレスになる。

余談ですが、漫画家の場合、あまりにも気が合わないときは、次のような方法を試みるみたいです。①編集長に頼んで担当を変えてもらう　②漫画連載を早急に終了させるか　③担当編集者はいないものとして、独断で連載を続ける。

もちろん気の合う編集者もいれば、力を借りたい編集者もいます。そういう人は、作家にしてみれば、お中元やお歳暮を贈ってもいいくらい大切です。ただし数は圧倒的に少ない。

では、優秀な漫画編集者とはどういう人か。

私が思う「いい漫画編集者」は、自分の中に確固たる面白さの基準を持っている人です。彼らは自分の好きなジャンルの漫画は延々と語るけれど、他のジャンルにはあまり興味がない。仮に一〇〇冊、人気のある漫画があるとしましょう。おそらく「いい漫画編集者」は、二作品か、多くても五タイトルくらいしか面白いと思わないはずです。面白さの軸が決まっているからです。

逆に一〇〇タイトルのほとんどを面白がる編集者は、とても「いい読者」ではあるけれど、「いい漫画編集者」とはいえません。ただ次に流行る作品を予想したりできるので、雑誌のレーダー役としては貴重な存在です。

📖いい編集者とは　②文芸編集者

次に、文芸の編集者です。

文芸担当の編集者は、漫画に比べると作家とそこまで親密ではありません。そもそも文芸誌などの掲載媒体が少ないので、単行本の多くは書下ろしです。書下ろしとは、「作品を書き終わったら持ってきてね」という体制です。だから、作家がどういう作品を書いているのかはもちろん、途中経過も知らない場合が多々あるわけです。

文芸の編集者の能力が見えてくるのは、完成原稿を読む段階になってからです。そのときに、どういう提案をしてくるか——別の要素を加えるようアイデアを出してきたり、膨らませる部分、あまり必要でない部分を指摘できる人は優秀だと思います。

話は逸れますが、編集者ではなく、作家を目指している方もいると聞いていますので、厳しい現実もお伝えします。単行本は基本的に書籍になった後、印税が発生してようやくお金になり、作家に振り込まれます。でも印税は、たいてい発行部数の一〇％。それ一本で暮らしていくには、ベストセラーを連発でもしなければ、かなり乏しい金額です。直木賞作家が年収二〇〇万円で、アルバイトをしながら生活しているといった話は、珍しいことではありません。それくらい、食うには難しい世界だということを忘れないでください。

📖 映像の世界にいる人とは　①プロデューサー

次は映像ですね。

まずは、プロデューサー。プロデューサーこそ映画やテレビの主役であり、あの世界では一番面白い仕事だと思います。プロデューサーは、映像に関わるすべての人とやり取りします。脚本家や監督、芸能関係者、音楽関係者とさまざまな打ち合わせをこなしながら、トラブルや雑務、会計を処理していくわけです。本当に寝る間もないくらい忙しいですが、その人が優秀かどうかで、その作品の出来は大きく変わってきます。

漫画や小説は、担当編集と二人で、その先にいる編集長ひとりを説得すればとりあえず作品化されます。でも映画やテレビは、何人、何十人の関係者を納得させなければなりません。それをできるのは、優秀なプロデューサーだけです。いいプロデューサーでなければ、企画がどこかでボツになってしまいます。余談ですが、脚本家を目指す人は、自分が付き合うプロデューサーに力があるかないか、しっかり見きわめなければなりません。

なぜこんなに手間のかかる業界かというと、漫画や小説よりもお金がかかるからです。

平均約三ヶ月の期間で撮影する邦画は、制作費はだいたい三億円。ここに脚本料、機材代、CG制作費、全スタッフの人件費、俳優の出演料、音楽制作費などすべてが含まれます。そこに宣伝費が三億円乗り、合計六億円が日本のメジャー映画の基本資金です。だから興行収入が七億円なら一億円の黒字、一〇億円以上だと大成功。成功すれば、プロデューサー、監督、脚本家、スタッフ、俳優に次の仕事が舞い込むわけですが、赤字なら声がかかりにくくなります。

映像が、漫画や小説よりリスキーな業界であることは、おわかりいただけたと思います。

📖 映像の世界にいる人とは　②脚本家

続いて脚本家です。

脚本家も、タフでなければ生き残れない職業です。映画やテレビの場合、作品を書き上げるのに半年から数年を要します。その間、へたをすれば交通費や取材費すら出ず、挙句の果てにボツになる可能性もあるわけです。だからプロの脚本家には、先ほど申し上げた「いいプロデューサー」を見きわめる力が必要なわけです。

さらに実現したとしても、そこから何回も打ち合わせや書き直し作業が待っています。したがって脚本家には、もうひとつ能力が必要です。

脚本完成後、プロデューサーから修正や書きかえ、変更を要求されたとき、それが誰の意見なのか見きわめる勘です。それらが、本当にプロデューサー本人や監督からのものであれば話し合えばいいわけですが、それが芸能関係者だったりした場合はどうか？

「ストーリーをつまらなくしても、うちの俳優をもっと目立たせて欲しい」などという理不尽なリクエストもあるのです。いいプロデューサーなら、そういう要求は跳ねのけたり、上手い妥協点を見つけてくれます。でもそれほどでもないプロデューサーと組んだ場合は、作品を守るため、自分で交渉する能力も身につける必要があるのです。

ここまでずっと、クリエイティビティの話をしてきました。しかし、クリエイティブでなくても一流の人は、それらの業界に大勢存在します。たとえば、あの作家はこの人の依頼なら書くとか、〇〇プロダクションの社長とツーカーだ、あの俳優の信用が厚い、あの映画監督が気に入っている、などと言われる人たちです。人間関係を開拓し、大切にしていくことはなかなか骨の折れる努力です。だからそれらも、得難い能力なのです。

ですからクリエイティブだけが才能ではない。自分がやるべき仕事を見つけられる人は、何かしらそれなりに力を持っています。

📖本は知識の倉庫／創作活動の訓練

漫画、文芸、映画、テレビとジャンルに関わらず、創作で頼れるのは本だけだと思います。編集者時代、私はいつも作家にそう言っていました。

本は知識とアイデアの宝庫です。まずは時間をかけて読んでください。量より質です。丁寧に読み込み、その作品の「構造」を理解してください。速読はあまりおすすめしません。資料読みとしての速読は別ですが、スピードだけ意識してたくさん読んでも、物語の「構造」がわからなければ意味がない。前にもいいましたが、「構造」は、創作の最重要ポイントだからです。

せっかくの機会なので、創作のための本の使い方を紹介します。

長篇小説などを読んでいると、本編とは関係がないような、脇道に逸れる場面が登場することがあります。でも、それが妙に面白いときがある。たとえばスティーヴン・キングという作家は、新たな人物を登場させると、その人が何者か延々と書いていきます。彼はどういう人で、〇〇で生まれて、家族は……と、十数ページにわたって解説するのです。もしもあなたがその人物紹介を面白く感じたなら、そのエピソードを自分なりに膨らませてみましょう。脇道で登場したその人物を主人公に仕立て、自分のオリジナル小説を作ってしまうのです。

また、失敗を承知で本屋に行き、適当な三冊を手に取ってみるのもいいでしょう。これも、創作の訓練になります。評価が高く、面白いと言われている作品をネットで買うのもいいけれど、たまには足を運んで、自分の勘で選んでみるわけです。面白い本であれば、自分ならどういう展開にして終わらせるか、途中途中で考えてみましょう。結末が想像通りであれば、その作家と同レベルだと自分を褒めればいいし、違っていても、そのアイデアを活かせば別の物語を生み出すことができます。

中の一冊は、面白くないと感じることがあるかもしれません。途中で読むのをやめたくなるかもしれない。そういう場合は、どうしたらこの作品が傑作になったか考えてみるのです。すると、似て非なる面白い物語が創れるかもしれないでしょう。

その他内容はイマイチだけれど、一行でもいいセリフがあったら、それを書き留めておくのも一手です。たいてい自分が惹きつけられるセリフには、共通点があります。その理由を考えたり、一つのセリフから物語を生み出すことだってできるのです。

📖 理想的な物語に必要なもの

最後に「物語とは何か？」という話をして、講義を終えたいと思います。

物語は、基本的に二つの要素で説明ができます。「何」が「どうした」／「誰」が「どうなった」――この二つです。創作をしていて手が止まってしまったときは、何／誰がどうしたか、どうなったという最初の発想にさかのぼれば、自然と回答が見えてくるものです。

とはいえ、実際の物語はもっと複雑に構成されています。何がどうなって◯◯の状況になって、Aが出てきてBと△△をした。けれど、実はCが影響を与えて……。そういう要素が複雑に絡み合っている。紐解くのは大変ですが、でも創作には必要な作業です。

物語を創るうえで、必ず理解しなければならない大切な法則があります。「読者や観客は、自分の望むラストでなければがっかりする」ということです。

死ぬ必然性のない主人公が死んだり、味方であってほしい人が突然ラスボスに変貌したりする……驚いて楽しんでくれる場合もありますが、それが重なると読者は不快に感じます。ですが逆に、途中過程が予想通りすぎると、読者は作品を舐めてしまいます。物語を作るのは、本当に難しい作業なのです。

では、どのような構成の物語を目指すべきか？

序盤から中盤までは、読者の予想と違っていて、場合によってはあっという驚きがある。後半は、一体どうなっちゃうんだろうと読者をわくわくさせて、でも最後は望んだ通りの結末を迎える。こういう作品が理想であり、傑作になると思います。

じゃあ、おまえはそんな作品を書けているのかと問われると、答えは「すみません」です。今もまだ、理想には到達できません。ネットで自分の作品の評価を見ると、「風呂敷を広げるだけ広げて、最後に上手く畳めていない」など、散々にいわれていたりする。自分では畳んでいるつもりなのですが、きっと修業が足りないのでしょう。まだまだ未熟ですね。

📖 創作の世界に参加するということ

今日集まってくださったみなさんは、何かしらの創作の世界に行きたい方が多いと思います。作家を目指しているけれど、周囲から反対されている人もいるかもしれません。この先、なったとして、日々の生活に悩むことがあるかもしれません。

でも、諦めなければなんとかなります。根性論のように聞こえるかもしれませんが、覚悟を決めて、身を投じることも大切です。思い切って入ると、意外とどうにかなるものです。

もしくは最初はまったく違う業界に行って、会社や社会といったものを眺めてみる。取材だと思って数年働いてから、創作の世界に身を投じる。それもアリです。結局は諦めないことが一番大切だと思います。なかなか素晴らしいし面白い世界なので、少しでも興味があれば、ぜひ目指してしてみてください。

質疑応答

Q1　大手出版社の編集者は東京大学や早稲田大学、慶応義塾大学が多いイメージがあるのですが、実際はどうなのでしょうか。

長崎　東大や早慶が多いのは、単純にその大学のマスコミ志望者が多いからです。出版社に在職していたとき、自分がいた会社もふくめ、途中から在籍校や出身校を履歴書に書かせる会社は少なくなりました。今はさらに、大学ブランドを重視するマスコミは少ないと思います。それから私が入社したときに一番多かった偉い人は、東早慶ではなく國學院大學卒でした。他のマスコミは知りませんが、出版社内での学校派閥はあまり聞いたことがありません。出身大学と仕事の向き／不向きは、まったく別物だからです。

Q2　黎明期の手塚作品で好きな作品を具体的に教えてほしいです。

長崎　手塚さんの作品に面白くないものはないので難しいですが、そうですね……『ザ・クレーター』とか、短篇集はどれも驚くほど傑作です。黎明期ではないですが、『どろろ』とか『魔神ガロン』なんかもいいですね。代表作の中では、『火の鳥 鳳凰編』と『鉄腕アトム』の中の『地上最大のロボットの巻』が圧倒的に好きです。それと、彼の遺作『ネオ・ファウスト』。未完の作品ですが、完成していたら、手塚作品の中で一番の傑作になったのではないかと思います。手塚さんの才能をこれでもかというくらい感じられる内容なので、一読をお勧めします。

Q3　「いい作家、いい編集者は物語のパターンを持っている」というお話が印象的でした。物語の王道パター

ンを知るには、やはり名作・傑作と呼ばれる古典を読むべきなのでしょうか。

長崎　物語の王道パターンは、人によって違います。自分が感動したり、興味や関心を惹かれたものの中から選んだらいいと思います。突き詰めていけば、自分だけの武器になる。その元になったのが、古典なのか現代作品なのかは関係ありません。古典を読まなくていいと言っているのではなく、無理に王道パターンを古典から探そうとする必要はないという意味です。ただし、古典から現代作品と幅広く読まなければ、自身にとっての王道は見つからないかもしれません。

Q4　新人編集者が特に大切にすべきことはなんでしょうか。

長崎　へこたれない気持と、ホウレンソウ——報告・連絡・相談です。なにも新人に限った話ではなく、編集者はこの二つを大切にして欲しい。というより、特に後者は社会人としても最低限の基本なので、どの業界で働くにしても守ってもらいたいですね。

編集者でいえば、たとえば作家から原稿が上がってきたら、最近は仕事場に行かずメールなんかで受け取ることが多いので、まず「受け取りました」と連絡を入れる。読み終わったら、感想を必ず述べる。スケジュールはメールで送りっぱなしにせず、電話をかけて確認を取る。作家に好かれる編集者は、社会人として当たり前のことができて、それでいてちょっとユニークな人です。

それから、自分の好きな趣味はやめずに続けるべきです。

「おまえが好きなものは、俺がどんなにバカにしてもやめるな」

出版社に入ってすぐに、教育係の先輩に言われました。先ほどの話にも繋がりますが、好きなことはいつか自分の武器になります。それを忘れないで欲しいです。

Q5 『MASTERキートン』シリーズは、精緻な情報を下敷きに書かれた作品だと思います。シナリオを書く際の秘訣があれば、ぜひ教えてほしいです。

長崎 『MASTERキートン』を企画し、シナリオを書いていたころは、サスペンスやアクションものの翻訳小説が今より少ない時代でした。だから、このジャンルは漫画では珍しいだろうと思って始めました。考古学もブームになりそうなときです。

世間は私が拳銃や武器などに詳しいと思っているようですが、実はそんなに興味はない。もしも私が拳銃や武器にもっと深い造詣を持っていたら、『MASTERキートン』はマニアックな作品になっていて、大衆の人気はなかったと思います。

だから興味関心があるものの中でも、一番好きでくわしいものは選ばない。あえて二番目に興味のあるテーマを題材にすることです。すると取材でも知らなかったことが多く、学べたり、感心したりします。それらの感動が、結果として読者にとっても面白いものになるのではないでしょうか。

Q6 仕事をするうえで、一貫して大切にしていることはありますか。

長崎 たくさんの人に「面白い」と言われたいし、そういうものを創りたい。これに尽きます。それと私の場合、殺人や暴力をテーマにしたものが多いのですが、あまりに人が不快に感じることは書きたくはないです。原案・脚本を担当した映画『キャラクター』を観た人は、残酷なシーンが多いという印象を持ったかもしれません。けれど、脚本段階での私のイメージはあそこまで過激ではなかった。あれは監督の感性です。そこはやりすぎでは？と思いましたが、ギリギリ、道徳的なことは守られていたんで、まあいいかなと考えました。

作品は幸運にもヒットしましたが、あの映画と同様、いかにお客さんを驚かせ、楽しんでもらうか。これを念頭に仕事をしています。

参考文献・読書案内

長崎尚志『闇の伴走者　醍醐真司の博覧推理ファイル』新潮社、二〇一五年

浦沢直樹、勝鹿北星、長崎尚志『MASTERキートン　完全版』全12巻、小学館、二〇一一～二〇一二年

浦沢直樹、長崎尚志『MASTERキートンReマスター』、小学館、二〇一四年

＊

レイ・ブラッドベリ『何かが道をやってくる』大久保康雄訳、東京創元社、一九九二年

J・R・R・トールキン『指輪物語』全6巻、瀬田貞二・田中明子訳、評論社、二〇〇二年

アーシュラ・K・ル＝グウィン『ゲド戦記』全6巻、清水真砂子訳、岩波書店、二〇〇九年

ロイド・アリグザンダー『プリデイン物語』全5巻、神宮輝夫訳、評論社、一九七二～一九七七年

手塚治虫『鉄腕アトム　オリジナル版』全16巻、復刊ドットコム、二〇二一〜二〇二三年
手塚治虫『ブラック・ジャック大全集』全15巻、復刊ドットコム、二〇一二〜二〇一三年
手塚治虫『ザ・クレーター　オリジナル版』復刊ドットコム、二〇二一年
手塚治虫『どろろ』全2巻、講談社、二〇〇九年
手塚治虫『魔神ガロン』全2巻、講談社、二〇一〇年
手塚治虫『ネオ・ファウスト　手塚治虫セレクション　手塚治虫最後の作品』三栄書房、二〇一六年
手塚治虫『火の鳥　オリジナル版4　鳳凰編』復刊ドットコム、二〇二〇年
白土三平『決定版　カムイ伝全集』全38巻、小学館、二〇〇五〜二〇〇七年

本を読んで現実を歩こう

——「読む」と「プロジェクション」

2022年11月9日、立教大学

講師
長瀬　海
ながせ・かい＝ライター・書評家・インタビュアー。「週刊金曜日」書評委員。「週刊読書人」文芸時評担当（二〇一九年）。共著に『韓国文学ガイドブック』『世界の中のポスト3・11』など。

🕮 人間のこころと世界の認識

はじめまして。今回、特別講義を担当する長瀬海です。普段は書評家として活動をしています。早速ですが、最近読んだ本でとても面白かったものがあるので、紹介させてください。

久保（川合）南海子さんが書いた『「推し」の科学　プロジェクション・サイエンスとは何か』という本です。ここで著者はプロジェクションという面白い概念を紹介しながら、オタクたちが熱心に「推し」活をするときの認知機能のメカニズムを解明しています。

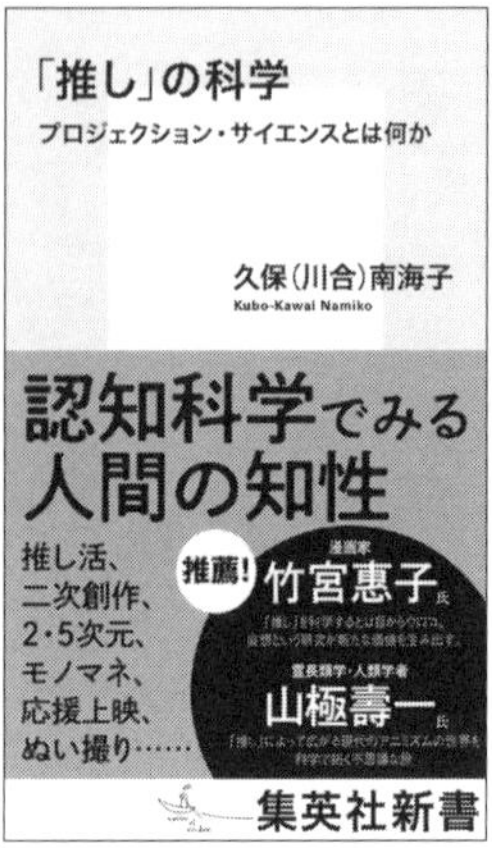

久保（川合）南海子著、集英社

対象（世界）と自分の関係性において、自分がどのように対象（世界）を認識するかだけでなく、自分は認識をどのように対象（世界）へ付加していくのか？　こころと世界はどのようにつながっているのか？　あたりまえだと思われて見過ごされてきたけれど、このおもしろそうなこころの働きにアプローチする研究の概念が、ごく最近、認知科学から登場しました。それが「プロジェクション」です。

簡単に説明しましょう。これまで人間のこころというのは、外からただ情報を受け取って、世界を認識していくだけのものだと考えられてきました。この認知のプロセスだと、外部の世界と、情報を受け取った人の中に作られる認識には齟齬が生まれないわけです。

たとえば、〈青く、透き通っていて、生態系が豊かな沖縄の海〉という情報を見たり聞いたりしたとしましょう。すると、その人の中には、〈沖縄の海は青く、透き通っていて、生態系が豊か〉という認識が生まれます。単純な認知ですよね。

ですが、ここでこの本が教えてくれた「プロジェクション」という概念を使って考えると、こころの動きは、それだけではないことがわかります。人間は情報を受け取ると、それを世界に投射して表象を作り出しているというんです。

📖 プロジェクションとは何か

人間が世界を眺めるときの根源的な方法は、いったいどんなものなのでしょうか。本書では、大きく三つに分けて考えています。

1つ目が、通常の投射で、外界から受け取った情報通りに、目の前のものを認識すること。

2つ目が、虚投射と呼ばれるもので、外界に実際にはないものを情報として受け取り、それを頼りに認識を作り出すこと。

3つ目が、異投射と呼ばれるもので、外界にあるものを情報として受け取るけれども、それを頼りにもともとの情報ソースとは違った認識を作り出すこと。

少し例をあげて、それぞれのプロジェクションがどういうものなのか考えてみましょう。

まずは、「通常の投射」。上に記した、沖縄の海についての認知のことですね。目の前の、透き通って輝く熱帯魚のたくさんいる沖縄の海を眺める。それによって、〈沖縄の海は青く、透き通っていて、生態系が豊か〉という認識を得るわけです。

次に「虚投射」。これは少し複雑です。沖縄の海の底には、「ニライカナイ」と呼ばれる異界が広がっているという伝承があります。「ニライカナイ」は、死者の霊魂がたどり着く場所のことです。これは伝承なので、実際に目の前にあるわけではありませんよね。沖縄出身の方、ごめんなさい。とりあえず、今だけは「無い」ということにしてください。

その「ニライカナイ」という虚投射をした状態で、海を眺めてみる。すると、神秘的で霊験あらたかな海という認識に代わります。そこにゴミを捨てるというのは、祖先への侮辱のように受け取られるわけですね。

最後に、「異投射」。わかりやすく言えば、錯覚のようなものです。本書では、薄暗いリビングに置かれた折り畳み椅子の影像を著者のお子さんが、宇宙人だと勘違いして怖がったエピソードが綴られていました。みなさんも暗い夜道を歩いていて、のぼり旗を人影と見間違えたことがあったりしませんか。

『「推し」の科学』は、こうした「プロジェクション」という人間の認知の働き方から、いわゆる「腐女子」（著者は自他ともに認める「腐女子」らしいです）が「推し活」に勤しむときに、どういう認識のプログラムによってBL系漫画の二次創作を楽しんでいるのか。アイドルを追いかけているのか。ということを解明した、サイエンスの歓びに満ちた一冊になっています。ぜひ、読んでみてください。

📖「読書」というプロジェクションを発生させる源

さて、このプロジェクションという概念を使って、「本を読む」という行為には、いったいどんな意味があるのか。言い換えるならば、本と現実の結び方について、考えてみたいと思います。

「プロジェクション」とは、人が情報を受け取ることで、それによって認識を世界へと付加する働きのことでした。この概念を知った僕は、まず次のように考えました。そうか、読書とはそもそも、自分の認識に新しいプロジェクションの作用を加えることだったのか！

本に書かれているさまざまな情報、物語、記録を読むことで、目の前のまっさらな現実を変容させる。読書にはそういう効能があります。ということは、読書とはまさにプロジェクションを発生させる源だと考えていいはずです。

そこまで考えて、ふと、僕の脳裏に一つの記憶がよぎりました。二〇〇八年、僕が大学三年生のときの話です。

当時、文芸評論のゼミに参加していた僕は、阿部和重『シンセミア』という小説を研究・分析する担当になりました。阿部和重という人は、『グランドフィナーレ』で二〇〇五年に芥川賞を受賞し、その後もたくさんの文学賞を受賞している日本を代表する作家です。

さて、現代小説の研究発表というのは難しいものです。先行する研究がない状態で、手探りで分析をしなくてはいけません。まずは手がかりを探さなくてはいけないのですが、その手がかりがうまく見つからず、僕は頭を悩ませていたんです。そして思い立って、小説の舞台である山形県のある小さな町をひとりで訪れてみることにしました。

📖『シンセミア』の舞台、神町へ ①到着

『シンセミア』は文庫で上下巻、一〇〇〇ページほどになる超大作ノベルです。物語は、山形県東根市の神町という小さな町で、パン屋を営む田宮家を中心に動いていきます。

戦後まもないころ、この町に進駐していたアメリカ軍と、「パンの田宮」の創業者である祖父の仁が密接な関係を結びます。仁はさらに地元のヤクザともコネを作り、町の経済を動かすほどの影響力を持つようになっていった。こうして、土地の磁場と田宮家の血縁が複雑に絡まった空間である神町で、世紀が変わるころに事件が多発していく。

産業廃棄物の設置が生み出す対立。陰湿な盗撮グループの活動。ロリコンの警官による不穏な動き。ドラッグやストーカーなどの犯罪行為、不倫……。神町の土地のそこここで、人々の欲望が叫

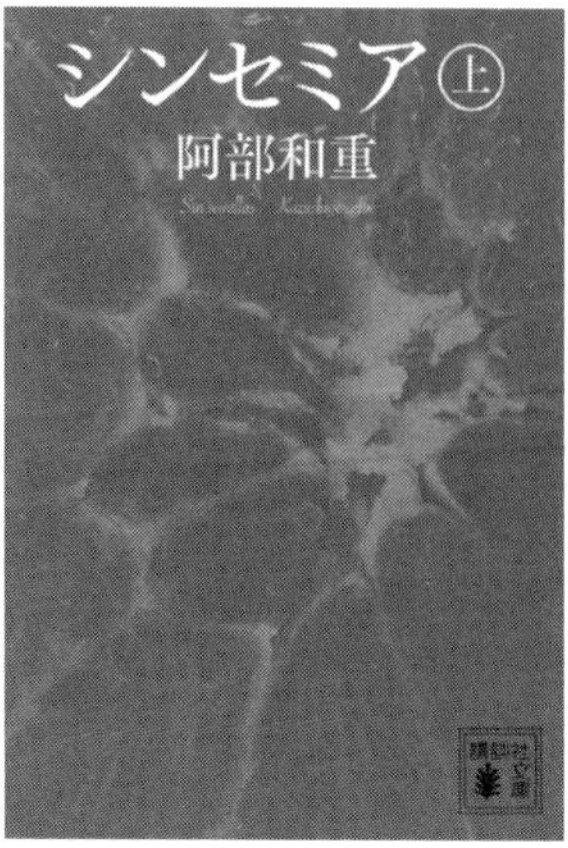

阿部和重著、講談社

びをあげて渦を巻き、並々ならぬ不穏さを表出させていきます。そこには、日本の戦後社会が経験してきたあらゆる犯罪・事件が凝縮するように押し込まれ、戦後日本の縮図がかたち作られるのです。本書はそうした大大大スペクタクル群像劇となっています。

一度、神町に足を運んでみたい。そう思った僕は、ひとり夜行バスに乗り、二〇〇八年十二月のクリスマス直前、神町に向かいました。寂れた駅舎の神町駅を降り立つと、そこは、何もない、実にうらびれた町だった。商店街もなく、活気がない。住民の方には申しわけないのですが、つまらない町。第一印象はそんな感じです。

ひとまず町を歩こうと思い、情報を集めはじめました。当時もGoogleマップなどはあったのですが、町の情報を集めるには、何よりも町の本屋さんが頼りになります。駅の近くに、紀伊國屋やジュンク堂といった大型チェーンではない、小さな本屋さんがありました。受験用の本や、実用書がメインで売られている本屋さんです。

📖『シンセミア』の舞台、神町へ ②「パンの田宮」のモデル

ただ、さすがは阿部和重の出身地。書店の端っこに、阿部和重コーナーがありました。大きなり

ュックを背負って阿部和重コーナーを眺めている、いかにも旅行客然とした僕を店主さんは珍しく思ったのでしょう。「何してるの?」と話しかけてくれました。

「実は、阿部和重の『シンセミア』を研究してまして、東京からさっき来たんです」

「じゃあさ、そこのパン屋さん行ってごらんよ。お母さん、いるからさ」

お母さん? 店主さんの言葉の意味がうまく飲み込めないまま、僕はとりあえず、本屋さんの斜向かいにあるパン屋さんに行きました。お店に入ると、お母さんと呼ぶには若い女性の店員さんがいます。

「あの……、東京から阿部和重という作家について調べにきて。いや、本屋さんがちょっとパン屋さん行ってみなよっていうので……」と僕がモゴモゴと話すと、「あー、ちょっと待っててください。おかーさーん」なんて奥に向かって呼びかける。そして奥から出てきたのは、少し年配の女性でした。開口一番、「和重の母です、遠くからわざわざご苦労ですね。さ、あがってください」と言う。

展開が突然すぎてわけがわからないまま、僕は阿部和重さんの実家と思しきお家に上がることになりました。そう、『シンセミア』に出てくる「パンの田宮」は、阿部さんのご実家がモデルになっていて、親御さんはパン屋さんを営んでいたんです。

お茶とパンをご馳走になりながら、たくさんのお話を聞かせていただきました。阿部さんの子どものころのこと、映画監督に憧れて上京した話などなど……作家本人からしたら迷惑なファンです。

決して真似しないでくださいね。

📖『シンセミア』の舞台、神町へ　③認識の蠢き

さて、もちろん僕の神町探訪の目的は、阿部さんのご実家に上がり込んでお茶をご馳走になることではありません。陰謀と欲望が絡み合い、作中で日本社会を揺るがすほどの壮大なスケールのドラマが生まれるこの街を歩くことにありました。

冬の寒空の下、ポケットの中のホッカイロを握りながら、印刷したマップを頼りに歩いて回る。当時はガラケーしかなかったので、GPSで位置を確認しながら移動するなんてことはできなかったのです。

名画もポルノも取り揃えた昔ながらのレンタルビデオ屋。閑静で広大な自衛隊の基地。車も人も通らない郡山橋。「山」と称する割にはあまりにちっぽけで、五分もあれば登り下りできそうな、厳粛さのかけらもない若木山。街の外れにポツンと佇む、安っぽいラブホテル。神町は第一印象と変わらず、身の毛もよだつほどに、面白みを欠き、寂寥感が漂う町でした。

寂しくて退屈な町。そうした印象はきっと、都会からこの町にきた人間なら誰しもが感じ取るものでしょう。眼前の街並みから受け取ったそんなイメージを感じながら、しかし僕の認識それ自体のうちに、不可思議な蠢きが生じていることに、次第に気づいていきました。

面白みのかけらもない、つまらない土地である神町。そこがやがて、戦後的な歴史と現代という

瞬間が重なり合った複層的な時間の流れる場所、陰謀と欲望に突き動かされた人々の息遣いが静かに聞こえる異常な町、倫理もモラルも存在しない、善悪の彼岸そのものとしての空間に見えてくるわけです。

📖 本を読んで街を歩くときに、何が起きているのか

もちろん、それは認識の取り違いだとわかっています。ですが、フィクションの舞台を歩くとは、そういうことなのだと思います。先ほどの「プロジェクション」でいえば、虚投射が僕のなかで起きていたわけです。

片目を閉じれば、〈面白みのかけらもないつまらない土地としての神町〉という通常の投射が起きる。目を開け、もう片方の目を閉じると〈欲望の渦巻く、非凡な町としての神町〉という虚投射が生じる。二つの「プロジェクション」を行ったりきたりしながら、僕は『シンセミア』という小説の舞台となった神町を散策しました。

すると、二つのプロジェクションの往還の中で、一つの問いが浮かびました。なぜ、このちっぽけで味気ない極小の空間から、壮大なスケールの物語が生まれたのか。現実の神町というミクロコスモスが日本の縮図となる、その磁場の変容の意味とは、いったいなんなのか。その問いを摑むことが、僕の神町探索の成果だったわけです。

本から現実へ、そしてまた本へ。この往還。読書とは、現実から問いを取り出すための、一つの

手段としての行為なのです。書を捨てよ町へ出よう、ではなく、書を読んで町へ出よう。そこで起きるプロジェクションは、あなたを新たな認識の地平へと導くはずです。

📖 東浩紀「観光客の哲学の余白に」を読んで

物語と現実の空間を、行ったりきたりする。そこから生まれる認識の変容について考えていたら、同じような体験をしたある批評家のエッセイに出会いました。思想家の東浩紀さんが『ゲンロン11・5』という冊子に寄せた、「観光客の哲学の余白に『カラマーゾフの兄弟』は「軽井沢殺人事件」だった」という散文です。

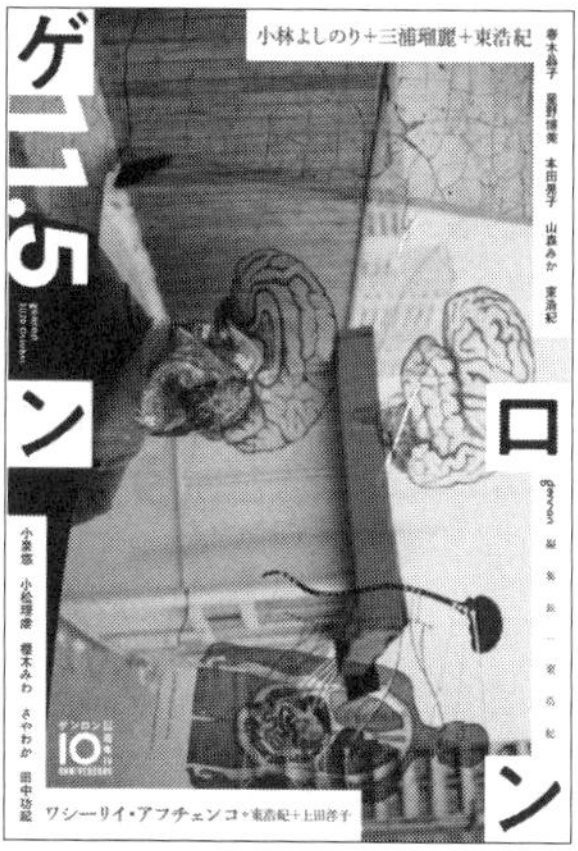

東浩紀編、ゲンロン

『カラマーゾフの兄弟』という小説は、読んだことがなくても聞いたことがあると思います。ロシアの大作家ドストエフスキーが晩年に執筆した、未完の大作です。核心となるのは、遺産相続をめぐる「父親殺し」。この物語の中でドストエフスキーは、近代的な視座から「宗教とは人間にとっていったい何か」を見つめ直すことを試みています。歴史に残る重要な作品として、今も読まれ続けている近代の超大作です。

そんな『カラマーゾフの兄弟』も実は、スターラヤ・ルッサという非常に小さな街が舞台になっています。東浩紀さんは数年前にこの町を訪れ、やはり、認識の変容を経験したといいます。
現在のスターラヤ・ルッサについて、東さんはこう書いています。

> ただの田舎町で、お世辞にも栄えているとはいえない。鉱泉はいまも湧いているので保養施設もあるが、街を歩く滞在客はほとんどいない。ぼくたちは昼食の場所ひとつ探すのにも苦労するほどだった。〔…中略…〕
> ところが、ドストエフスキーの時代には街のようすはまったくちがっていたらしい。

東さんがそのことを知ったのは、今は博物館になっている、ドストエフスキーが住んでいた別荘跡地で開催されていた特別展示に足を運んだときだったそうです。

> ぼくはそれらの写真を見て驚いた。そこに写されているのは、石造りの邸宅と高い尖塔をもつ教会が建ち並び、着飾った令嬢が街路を散策するじつに優雅な街で、現在の閑散とした田舎町とはあまりにちがっていたからである。

ドストエフスキー著、
亀山郁夫訳、光文社

東さんは認識のギャップへの驚きを、素朴に書き綴っていました。

📖 偽物のイメージ

東さんの得たプロジェクションは、僕が経験したものとはちょっと違います。「虐げられた信心深い民衆（ナロード）ばかりが住む、貧しい村で起きた凄惨な事件なのだとばかり思い込んでいた」けれど、実は「軽井沢のような豊かで先端的な、都市文化と密接につながった別荘地」だったことに、東さんは気づいたわけですね。聖地巡礼として訪れたスターラヤ・ルッサを眺めながら虚投射をすることで得たイメージは、東さんの頭の中に読書によって作られたものが間違いだったことを告げたのです。そこから彼は、ドストエフスキーという作家を論じる上での問いの立て方も修正しなければならなくなったそうです。

> ぼくは前回、ドストエフスキーはそもそもペテルブルクという夢＝シミュラークルのなかに閉じ込められた作家で、だからこそいくども都市からの脱出を試み、最終的にロシア正教や民族主義の肯定に救いを求める文学を書くことになったのではないか、とぼくなりの作家観を記した。〔…中略…〕
> 〔しかし——引用者〕ドストエフスキーはたしかに作品内では現実への脱出を成功させたが、作

品の外では結局は西欧派の夢に最後まで負け続けていたのだ、とそう指摘せざるをえないのではないか。

少し補足します。ドストエフスキーは、一貫してサンクト・ペテルブルクという街を舞台に作品を書きました。ペテルブルクは、西洋的価値観が勢いをつけて流れ込んでくる街です。ドストエフスキーは西洋的価値観のはびこる空間に苦しみ、民族主義の方へと救いを求めて逃げようとしたと考えられるのではないか。そういう見立てを持って、東さんは小説の聖地巡礼をしたんですね。

「ただの田舎町で、お世辞にも栄えているとはいえない」現在のスターラヤ・ルッサからもわかるように、民族主義の肯定という救いの極地。それが、ドストエフスキーが最晩年に書いた『カラマーゾフの兄弟』という小説だったのではないか。東さんはそう思っていたわけです。

しかし、当時の別荘地であったスターラヤ・ルッサは、民族主義的な土着文化の根付いた土地とはかけ離れた、富裕層の暮らす空間だった。だから、「ドストエフスキーはたしかに作品内では現実への脱出を成功させたが、作品の外では結局は西欧派の夢に最後まで負け続けていたのだ、とそう指摘せざるをえないのではないか」と、問いを改めざるを得なかったわけなのです。

📖 現実から本を読むための問いを掴む

先ほど、「本から現実へ、そしてまた本へ。この往還。読書とは、現実から問いを取り出すための、一つの手段としての行為なのです」と言いました。本と現実の行ったりきたりのなかで問いを掴み直すという批評的な態度。これを東浩紀さんのエッセイは、教えてくれると思います。

読書とは何か。今日のまとめとして、最後にみなさんに今一度、お伝えするならば、読むことで現実に対する新たなプロジェクションが可能となる準備運動、と言えるでしょう。

そこから一つの問いを取り出すことで、現実に対する認識をより深く、より高い解像度を求めて、掘り下げることができるのです。だから、ぜひ、本を読んで、街に出てください。きっと、新たな現実が待っています。

質疑応答

Q1　背景を知った上で、実際に土地に出かけていくと見方が変わるという話がありました。「問いを取り出す」ことにも通じると思いますが、現地に行った後、もう一度本を読み返したら、本の受け取り方も変わるでしょうか。また実際に街に出て本を読んで、ということを繰り返すことで、感じ方は変わり続けていくものなのか。あるいは一つの理解にまとまっていくのかが気になります。

長瀬　本を読んで現実を歩いてみる、そして現実から戻ってもう一回本を読む。これはとてもいい循環だと思います。本を読んで現地に出かけることで、現実への認識が変わってくるし、そこで変化した認識をもって読み返すと、本の味わい方がガラッと変わります。本を読む醍醐味の一つですよね。

当然、どのような答えに収斂していくかは、人それぞれ違うと思います。ですが、究極的なことを言えば、その営みは絶えざる往還であり、終わりはない。本を読んで街を歩き、また本を読む……そうすることで絶えず問いを取り出すことができるし、その気づきが随時何らかの答えをもたらすでしょう。それぞれのタイミングで、自分なりの結論へと導かれると思います。

Q2　僕はよくアニメを見ます。現実世界が舞台になったアニメ――たとえば『君の名は。』などでは、東京の街並みがとても美しく描かれている。でも、僕の眼から見た東京の街並みはそんなにきれいではないんですが……。新海誠監督が見ている世界と、僕が見ている世界は違うと感じながら、繰り返し観てしまいます。

映画を観た後に舞台となった街を実際に訪れるときも、作品世界と自分の見ている世界を頭の中で比較していることがあります。そういう体験を思い出しながら、今回の講義はとても興味をひかれて聞いていました。

長瀬　面白い話ですね。新海誠論のようなものを書くとすれば、いま話してくれたことが、一つの手がかりになるかもしれません。東京を訪れたことがなく、理想的なイメージを抱いている外国の人が『君の名は。』を見て感じることと、東京に住んでいる人が感じること。それは、完全に異なるでしょう。

なぜこの東京を、新海誠はきれいに描いたのか。その視点は、今日話した現実とプロジェクションの間で問いが生まれてくるという理論に適っています。問いが生まれれば、論に展開できるので、この視点は批評になるはずだと思いますよ。

Q3　日頃、歌舞伎や歴史ものの作品に触れることが多いです。現代の作品なら、聖地巡礼など、現実と作品の

間を行き来することができますが、時代を越えた作品ではそれはできません。だからこそ自分の中の歴史認識を深めようと、日本史の勉強をしたり、文献を読んだりしてきました。お話にあった虚投射は、現実と作品だけでなく、作品と作品を結ぶきっかけにもなるのではないかとも思いました。

長瀬　そうですね。作品と作品との結びつきが生まれるには、ある程度の情報や知識が自分の中にあってこそ、ですよね。情報や知識を蓄えた上で、Aという作品とBという作品を眺めたときに、何かが結びつくことに気づく。歌舞伎を観劇する際にも、プロジェクションは大事になってくるのでしょう。歌舞伎とはステージ上で、時代や風景、性別や年齢などを「見立て」ているわけですから。観客の投射能力が必要になってきます。

Q4　中学の時、修学旅行で奈良に行きました。奈良の都があった場所を一望できる高台で、先生が、この辺りにお寺があって、この辺りには偉い人の住むところがあって……という過去の風景を、想像しながら見るように言うのですが、うまく投射することができませんでした。私の日本史の知識が足りなかったせいかもしれません。

長瀬　何にでもプロジェクションできる訳ではないですよね。投射するためには、情報をインプットしなければならない。歴史的な背景説明や物語を深く聞かせてもらえたら、プロジェクションできたかもしれません。本を読むことも同じです。物語を味わうことで、自分が知らない世界を、説得力をもって受け止めるための取っ掛かりを得ることができます。

　僕は、修学旅行で沖縄に行きました。行く前に沖縄を舞台にした戦争映画を観せられました。いま思えば、あれは修学旅行先で歴史をそこにプロジェクションさせるためだったんですよね。本でも映画でもいいですが、プロジェクションのための説得力を得られるものにアクセスすることは、重要です。

Q5　私は芸術祭に興味があるのですが、以前地域を利用した芸術祭に足を運んだ際に、価値観の齟齬、認識の齟齬について思ったことがあります。そこでは住民と主催者側で街に対する認識の差があり、さらに参加する観客の認識とも差があったようです。

虚投射とは違いますが、立場による見え方の違いもある。その上で、主催側はどのようにその差を埋めていくのか。そうした認識をある程度均一にするために、本やコンテンツがあるのかもしれないと思いました。

長瀬　たとえば、「大地の芸術祭」では越後妻有の地域住民と総合ディレクターの北川フラムとの間で最初は対立があったと聞いています。住民は、自分たちの村に芸術なんていらないと思っていた。でも北川フラムは、そこをどうしても芸術の村にしたくて、住民の認識とすり合わせていきます。

ここにあるのは村という空間におけるプロジェクション同士のコンフリクトでしょう。伝統や先祖の生きてきた時間の詰まった村は、それが芸術によって塗り替えられることを恐れる。だけど、北川フラムという一流のキュレーターは、僕の直接見て感じた限りだと、村の人々が自分たちの村に対して大切に抱えてきたプロジェクションを決して損なうことなく、そこに芸術性を重ねることを可能としているように思えます。

北川フラムがどのようなプロジェクションを立ち上げようとしたのかという視座から芸術祭というものを分析し直す。すると、何を空間に立ち上げようとしたのか、アートとは何なのか、ということについても見えてくるかもしれませんね。

Q6　本で新しい視座を得た上で、現実に触れてまた別の角度から見るという本の読み方を教わりました。そのときに、深い理解のために一作品を何度も繰り返し読むのか。あるいはいろいろな作品に触れて、さまざまなものをインプットした上で、現実に向き合うのか。鑑賞する態度として、どちらがいいのでしょうか。

長瀬　それは、僕自身にとっても悩ましいところです。たとえば書評を書く場合は、作品から一つの評を取り出すために何度も何度も読んで、理解を深めることが必要です。繰り返し読むことで、最初は特に何も感じていなかった部分に、他の場面との表現の近似があると気づいたりする。あるいは同じ著者の他の作品と比べて、意味を見出すこともあります。

つまり、縦と横だと思うんです。縦に掘り下げていって気になったところを、横に広げて繋いでいく。そうすることで、ある程度深みのある評が書けると僕は考えています。

Q7　現在はインターネットなどで、現場に行かずとも多くのことを、調べて知ることができます。調べることでマイナスのイメージが起こってくることもあると思いますが、それを知った上で、それでも街に出た方がいいと思いますか。

長瀬　マイナスなイメージが、どういう類のどの程度のものなのか。その程度によると思いますが、「知る」ことにおいてはマイナスな要素の物事であっても大事だと思います。

僕は大学を卒業する前に、今しか行けないところに行っておこうと思って、南アフリカのヨハネスブルグに行ったことがあります。ヨハネスブルグは、世界で最も凶悪な街です。それを知っていたので、日本人の現地駐在員をガイドとして日当三万円で雇って、案内してもらうことにしたんですね。

ガイドの方は、ヨハネスブルグの空港に迎えに来てくれました。そして開口一番、こう言ったんです。

「今から自分のことを父親と思って行動してくれ。観光客だと思われた瞬間に殺されるぞ」

さらに駐車場で自動車に乗る際、後部座席に座ろうとしたら、「ダメ」と力強く言われました。彼曰く、「後部座席に座ったら、観光客だとすぐにバレてしまう。助手席に座れ」。

他にも、滞在中に旅行客の日本人と出会って話しました。その人は宿に有り金を全部おいて、何も持たずに宿を出た。そこから五〇メートルも歩かないうちに、拳銃突きつけられて、「金を出せ」と言われたそうです。

確かに僕の経験上、ヨハネスブルクにはなかなか危険が詰まっていると感じさせる何かがあります。ただ、あのとき、現地の駐在員に連れられて、ヨハネスブルクの貧しい人々が暮らすスラムに行くと、子供たちが楽しそうに裸足でサッカーをしていた。あの光景を僕は今でも忘れません。ヨハネスブルクには子供たちの喜びも確かに詰まっていた。その一年後、南アフリカではワールドカップが開かれるわけですが、彼らがどれほど熱狂したか、僕は想像をめぐらせるわけです。あのときヨハネスブルクの光と闇を見たことは僕のあの街に対する認識を深める助けになりました。

決して、こういう体験をしろと言っているわけではありません。ただ、どんなことでも、初めから決めてしまわない方がいい。街だけでなく、人もです。周囲から悪い印象を持たれている人でも、実際に付き合うと、印象が変わることだってありえます。

世間的に何がよしとされて、何が否定されるのか。そういうことを考えることも、重要ではないかと思います。

参考文献・読書案内

久保（川合）南海子『「推し」の科学　プロジェクション・サイエンスとは何か』集英社、二〇二二年
阿部和重『シンセミア　上・下』講談社、二〇一三年
東浩紀編『ゲンロン　11・5』（非売品）ゲンロン、二〇二〇年
フョードル・ドストエフスキー『カラマーゾフの兄弟』全4巻＋別巻、亀山郁夫訳、光文社、二〇〇六〜二〇〇七年

森を読む、木を読む、本を読む

――石牟礼道子『常世の樹』への旅

2022年10月27日、昭和女子大学

講師

今福龍太

いまふく・りゅうた＝文化人類学者・奄美自由大学主宰・東京外国語大学名誉教授。著書に『クレオール主義』『群島－世界論』『書物変身譚』『ヘンリー・ソロー　野生の学舎』（第六八回讀売文学賞）『宮沢賢治デクノボーの叡知』（第三〇回宮沢賢治賞・第一八回角川財団学芸賞）、『ぼくの昆虫学の先生たちへ』など。一九五五年生まれ。

「木」と「本」をつなぐ

あなたは人間より樹木が見たいのでしょう？
（大江健三郎『「雨の木《レイン・ツリー》」を聴く女たち』より）

天と海から豊饒を授けられて来たもの、それは樹である。
〔…中略…〕
生類たちは遙かなあの根源から、全き生命として甦えらねばならない、
わたしもよみがえりたい。
（石牟礼道子『常世の樹』より）

冒頭にエピグラフとして、石牟礼道子さんの『常世の樹』と大江健三郎さんの『「雨の木」を聴く女たち』から、きっかけになる言葉を置きました。

みなさんは、「森林と環境」という枠組みで、授業を受けられていると聞いています。本日はそれに関わるテーマで、少し違う角度、違う視点から話をします。木や森林、環境の話をしながら同時に本の世界に近づいていく、そんなメッセージを伝えられたらと思います。

今日の講義は、「木」と「本」をつなぐ話をしたくて、「森を読む、木を読む、本を読む」というタイトルにしました。まず気がつくのは、森にも木にも本にも、全部、「木」という漢字が入っていることでしょう。「木」と「本」という字が似ていることは一目瞭然ですが、木を見て本のこと

を思い浮かべる人も、本を読んでいるときに木のことを考える人もあまりいないですよね。

にもかかわらず、こんなに字が似ていることには、ちゃんと理由があります。本の下には一本、線が引かれていますよね。漢字の成り立ちの話になりますが、この線はそもそも木の根や幹──要は、一番大事な部分を示している。「本《もと》」というときの、「大本《おおもと》」という意味になります。

書物は、知識の土台になるものです。だから「本」は、書物という意味も持つようになっていった。木と本は、深くつながっているのです。このことを、最初に意外な発見としてお話ししておきます。

『宮沢賢治 デクノボーの叡知』と『ぼくの昆虫学の先生たちへ』

さて、私は自分の専門を外向きには文化人類学だと言っています。しかし、学問分野に捉われず活動してきました。たとえば、私は世界中の樹木をいまも巡礼していますが、それは趣味でも専門でもない。世界とは何か。人間とは何か。なぜ私は生きているのか。そういうことを考えたいとき、木を見に行くと、大きな刺激を受けます。そのために世界中の樹木を巡っているんです。そんな経験が、自分の書く著作の中に自然に流れ込んでくることも多いのです。

その一例として、最近出した二冊の本を紹介します。ひとつは『宮沢賢治 デクノボーの叡知』です。宮沢賢治を今現在において、どのように読み直すか。そこに焦点をあてた本です。たとえば私たちは、活字になった賢治の童話をあたかもひとつの作品のようにして読んでいますよね。けれど実は、彼の詩も童話も、その原稿の多くは未完の状態で、しかも手書き原稿で残されているだけなんです。

有名な『銀河鉄道の夜』や『風の又三郎』。これらも、原稿用紙に手稿として残されたもので、生前に書物になることはありませんでした。よく知られた作品「雨ニモマケズ」も、ふっと閃いたことを殴り書きのように手帳に書きとめたものにすぎず、「詩」とさえ呼べないような書きつけです。賢治はすべてのものを未完成な形で残していて、何度も何度も書き直し、書きかえていった。推敲を重ねていいものにしようとしたのではなく、むしろ彼が生きているその瞬間瞬間に、新しい言葉やアイデアが生まれてきたのでしょう。そのときの「心象」をすでに書いたものにそのつど上書きしていった。これは生きているかぎり永遠に続く作業なので、完成を目指した「推敲」ではありません。彼にとって、作品には完成形も最終形もない。そうした特異な考え方を宮沢賢治は持っていました。

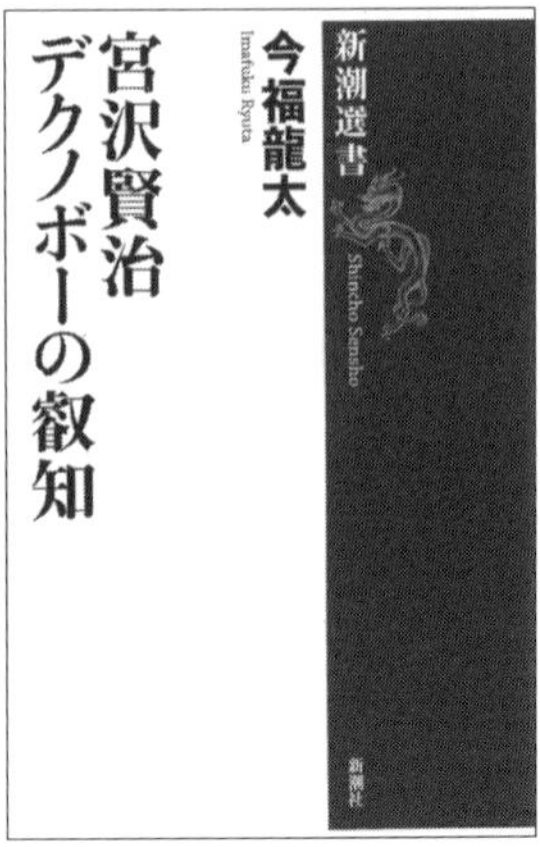

今福龍太著、新潮社

今、私たちが活字として読んでいるのは、彼が遺した手書き原稿を後世の編者たちが一生懸命解読し、なんとか首尾一貫した作品にアレンジしたものです。必ずしも賢治が残したそのままの形ではない。『銀河鉄道の夜』は四回ぐらい書き直されていて、そのたびに一部文章の配列や順序が変わったり、大きく加筆・削除されたりしています。どれが完成形なのかわからないし、しかも最後は尻切れとんぼのように終わっているようにも読めます。私は、そんな賢治の作品をもう一度本来の「未完」のものに戻し、その開かれたテクストから、現在の社会に対してのメッセージや警鐘を読み解こうとしたわけです。

そのとき、私は完成したように見える「本」を置いて、よく森に入っていって賢治の創作の根源に何があったかを考えたりしました。まだ原稿にすらならない思いが、森を抜ける風の音や石や動物たちの声として賢治に聴こえていた瞬間を想像するためです。森や海辺の散歩が、私に「未完」ということの豊かさを教え、この本を書かせたと言ってもいいかもしれません。

もう一冊は、『ぼくの昆虫学の先生たちへ』です。小学校低学年の頃から、虫好きの昆虫少年だった私の少年時代の記憶を甦らせながら書いた本です。私が自分自身の「昆虫学」の先生として崇拝していたファーブルから始まって、ダーウィン、ヘルマン・ヘッセ、手塚治虫、志賀昆蟲普及社の創業者・志賀卯助《しがうすけ》、ナボコフといった一四人の先生に昆虫少年の魂が仮託された架空の手紙を書くという構成になっています。

実はここにも、「樹木」が関係しています。昆虫に関心を持つと、その幼虫が食餌とする木や葉っぱに関心が強くなるんです。アゲハチョウの幼虫はミカンやカラタチなどの柑橘系の樹木の葉を食べ、普通種のキアゲハはミツバとかニンジンとかパセリとかフェンネルとかいったセリ科の植物の葉を食べる。虫ごとに食べる植物が違うということを、子どもはすぐ覚えていきます。虫の世界と植物の世界が密接につながっていることが自然に理解されてくるのです。

📖 本の自叙伝／『書物変身譚』

書物は木でできています。もちろん、素材としても木からつくられた紙が本の大半を占めていますが、書物と木の関係は、物質性の観点だけでなく、イデア（思想）の問題としても語れます。物質的なことだけではなく、文化的・象徴的な意味でも、「書物は木でできている」という重要なテーゼをお話ししたいと思います。

私は「本の自叙伝」つまり「本が自分の自伝を語る」というテーマで文章を書いたことがあります（『書物変身譚』）。本の素材は単一の起源を持っていません。竹の冊に書かれた古代中国の本、メソポタミアの粘土板、エジプトのパピルスなど、本の素材はいろんなところで生まれていて、それらが今われわれの見ている紙を綴じた書物の形に集束していく。本の形態にしてもさまざまです。樹木の樹皮を叩いて大きく伸ばした一枚の植物繊維の紙を蛇腹状に折り、そこに字や絵を書いたアステカ文明の本もあります。現在の冊子体が、本の唯一の形態というわけではないのです。

書物の歴史について、人間が客観的に書いた本はたくさんあります。ですが、人間から見た書物の歴史ではなく、本が書き手になって自分の自叙伝を書いたらいろんな発見があるのではないか。そう考えた私は、「本の自叙伝」の冒頭を次のように書きました。

わたしのなかには植物の種子や葉が宿っている。

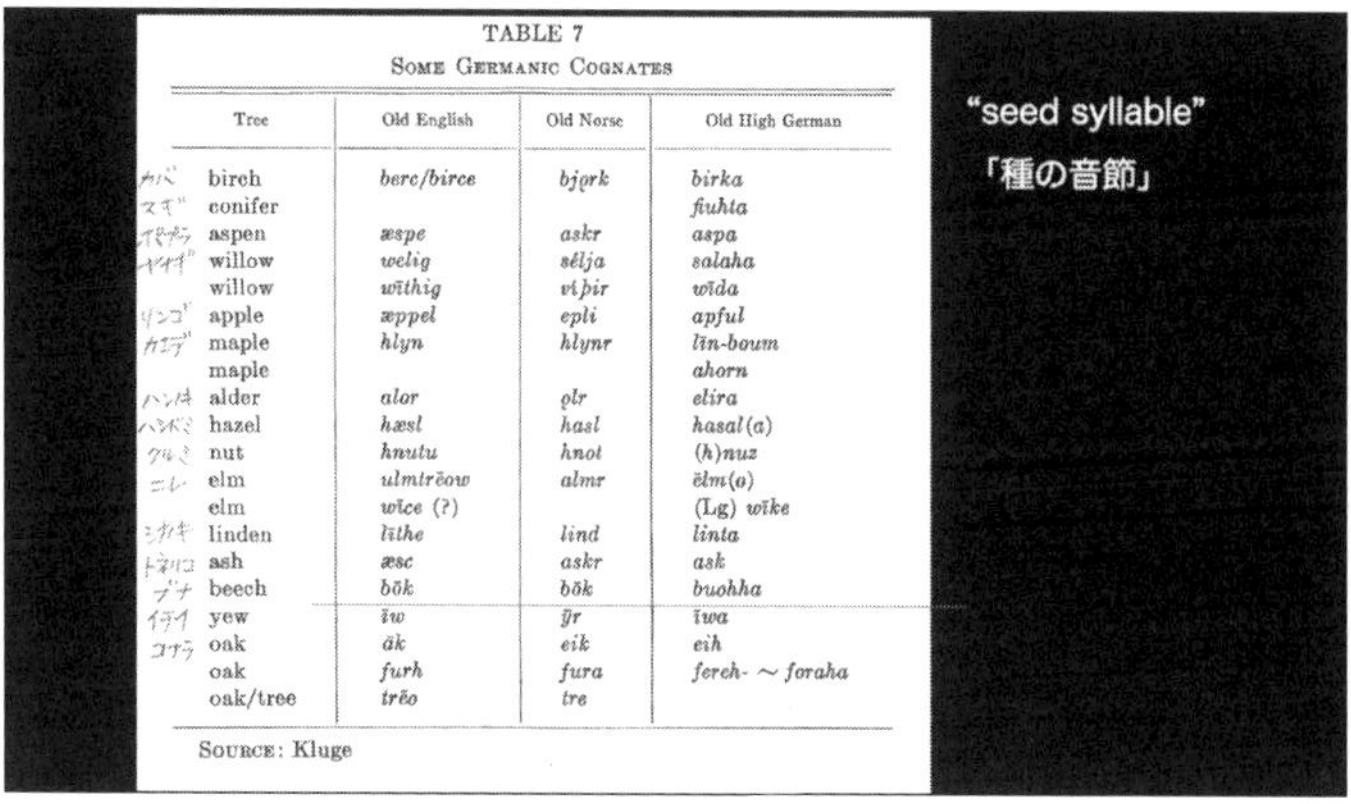
TABLE 7

SOME GERMANIC COGNATES

	Tree	Old English	Old Norse	Old High German
カバ	birch	*berc/birce*	*bjǫrk*	*birka*
スギ	conifer			*fiuhta*
ポプラ	aspen	*æspe*	*askr*	*aspa*
ヤナギ	willow	*welig*	*sēlja*	*salaha*
	willow	*wīthig*	*viþir*	*wīda*
リンゴ	apple	*æppel*	*epli*	*apful*
カエデ	maple	*hlyn*	*hlynr*	*līn-boum*
	maple			*ahorn*
ハンノキ	alder	*alor*	*ǫlr*	*elira*
ハシバミ	hazel	*hæsl*	*hasl*	*hasal(a)*
クルミ	nut	*hnutu*	*hnot*	*(h)nuz*
ニレ	elm	*ulmtrēow*	*almr*	*ĕlm(o)*
	elm	*wīce* (?)		(Lg) *wīke*
シナノキ	linden	*līthe*	*lind*	*linta*
トネリコ	ash	*æsc*	*askr*	*ask*
ブナ	beech	*bōk*	*bōk*	*buohha*
イチイ	yew	*īw*	*ȳr*	*īwa*
コナラ	oak	*āk*	*eik*	*eih*
	oak	*furh*	*fura*	*ferch- ~ foraha*
	oak/tree	*trēo*	*tre*	

SOURCE: Kluge

ポール・フリードリッヒ著『インド・ヨーロッパ基語における樹木（Proto-Indo-European Trees: The Arboreal System of a Prehistoric People)』169頁の表7に今福が手を加え作成

「わたし」とは、本のことです。謎かけのような言葉ですが、これが本が自伝として自らを語るとすれば、最初のことばになるのではないか。すこし解説してみましょう。

📖「本」の語源／ブナという言葉の種子

講義の最初に、漢字の「本」という文字の起源についてお話ししました。同じように、英語の〝BOOK〟の語源は〝Boc〟という言葉で、樹木のブナを意味します。一九七〇年に出た、一冊の面白い本があります。アメリカの言語人類学者ポール・フリードリッヒの『インド・ヨーロッパ基語における樹木（*Proto-Indo-European Trees: The Arboreal System of a Prehistoric People*）』（未邦訳）です。本書は、ヨーロッパ各地の言語の大本にある古い言葉の語源を辿っていくと、大半は樹木を示す言葉に行き着くという事実を論証しています。

ブナの木は古英語で〝bōk〟、古ノルド語でも〝bōk〟、高地ゲルマン語で〝buohha〟で、これは英語の〝book〟やドイツ語の〝Buch〟、スウェーデン語の〝bok〟など、「本」をあらわす言葉の起源となってることは明らかです。本という言葉は、ブナと言っているにも等しい。そしてフリードリッヒが言うように、樹木語彙はすべての言葉の種子となっているといってもいいくらいで、木々から言葉が芽生え、言葉が結実していったと言うことも可能です。

日本にもヨーロッパにもブナの原生林はたくさんあります。なぜ、ブナが本という意味を発生させたのか。大体想像がつくと思いますが、ブナや似た仲間の白樺の樹皮も剥がれやすいですよね。文字を書くメディアとして、ブナの樹皮が最初に使われ、そこからブナという言葉を種子にして、本＝BOOKという言葉が生まれたことが想像できると思います。

📖 本と樹木の世界の密接な関係性

本だけでなく、紙についても同じようなことが言えます。日本の民俗学者・柳田國男が書いた『雪国の春』という本があります。彼の有名な著書は、『遠野物語』ですね。役人を辞めた柳田が、民俗学者として日本人の古い生活形態を調べていこうと思ったときに、まず向かったのは東北でした。

実は柳田が辿った旅の道筋は、ちょうど3・11の東日本大震災で大きな被害を受けた三陸海岸地域と重なっています。彼が東北を歩いたのは、一九二〇年。一八九六年に起った明治三陸地震の記憶もまだ人々のあいだに生々しく残っていて、そういう描写も『雪国の春』には出てきます。3・11とほぼ同じ場所で起きた明治三陸地震津波の跡を歩きながら、柳田は何を見たのか。3・11のあと、何か本を一冊薦めてほしいとある新聞に依頼されたとき、私はこの『雪国の春』を推薦したこともあります。

この本に、「樺皮の由来」という文章があります。東北には、「カバカワの家」と言われている旧家があった。不思議に思った柳田は、調査をしてこう類推しています。カバカワとは樺の樹皮のことで、楮の紙が手に入らなかった時代には、樺の樹皮に文字を書きつけ、紙の代わりとしていたはずだ。だから、本をたくさん持っている旧家を「カバカワの家」と呼んでいたのだろう、と。

こうして柳田は、カバカワを「寒い山国において発明せられたるパピロスであった」と書いています。パピルスは、古代エジプトのカヤツリグサの茎の髄を使って作られた紙のことです。それが古代エジプトの最初の書字媒体でした。東北では、それがカバの樹皮だった、というわけですね。

日本語の「紙」（カミ）という語の語源についても、英文学者・書誌学者であった寿岳文章が、柳田の説をさらに展開して、「カバ↓（カビ）↓カミ」という仮説を立てました。これは、かなり説得力がある考え方です。なぜかというと、「バ」という音が「ビ」に、「ビ」から「ミ」に変化することは、言語の音韻変化の事例としてよく起こることだからです。カバからカミへの変化は、時間の推移とともに必然的に起きた可能性もあります。

すると日本語の「紙」の語源は、カバノキの「カバ」ではないか。そう考えると、「本」の起源が「boc＝ブナ」であるように、「紙」の起源にもカバという樹木が存在することになります。本と樹木の世界は、これほどに密接につながっているのです。

📖「孤独」の捉え方

『ウォールデン　森の生活』という素晴らしい本を遺した作家・思想家のヘンリー・デイヴィッド・ソローも、本と樹木の世界はつながっていることを深く実感していました。

ソローは一九世紀前半、アメリカ北東部のマサチューセッツ州のコンコードという町に生まれました。彼は、四四年という短い生涯のあいだそこからほとんど動かず、自然に囲まれて思索し続けた人物です。

ソローは宮沢賢治とよく似ていて、生前二冊しか本を出していません。『コンコード川とメリマック川の一週間』（一八四九年）と『ウォールデン　森の生活』（一八五四年）です。最初の本などは当時まったく売れず、ソローが自分でほとんどを引き取ったほどでした。彼は日記で、家の蔵書の七割は自分の本になったとユーモアを込めて書いているのですが、決して卑下して言ったのではない。むしろ、誇りに思っていたところがあります。自分が書いた本は、文字だけでなく、「森羅万象の言葉」（自然物の発することば。後述）で書かれてもいるので、人にそんなに簡単にわかるものではない、という毅然たる考えがあったわけです。つまり、自分は木や森の言語も使って書いたのだ、といいたいのですね。

ヘンリー・D・ソロー著、
飯田実訳、岩波書店

ソローはウォールデンの木や森を毎日そぞろ歩き、緻密に観察しながら、人間の社会が、植物や野生動物とのあいだの豊かな関係性を失っていっていると述べています。そういう意味では、ソローはいま世界中で論じられている環境問題を最初に発見して提示した人で、現在のエコロジストやナチュラリストの元祖として考えられてもいるわけです。

たしかにこの視点は、ソローを読むときの正道です。けれどソローの優れた点は、それだけではない。彼は自然観察をしながら、人間社会の倫理や道徳のことを徹底して考え抜きました。たとえばソローは「孤独」を好みました。ソローがひたすら探求しつづけた「孤独」とは、原文では〝loneliness〟ではなく、もっぱら〝solitude〟と書かれています。

『ウォールデン』には、〝solitude〟という言葉が繰り返し出てきます。「孤独」（〝solitude〟）と題された章さえあります。これは、寂しさを表現する際に使う〝loneliness〟とは全然違う。彼にとっての「孤独」とはむしろ望んで「一人でいること」であって、そこに寂しいとか侘しいといった否定的なニュアンスは一切ありません。

ソローは二年間ほど、ウォールデンの森の中でたった一人、丸太小屋を建てて自給自足の生活をしていました。たった一人で構成された社会を自分で作る、という強い決意を持ってです。そうした生活の中で、この〝solitude〟という言葉が何度も語られます。一人でいることが、どれほど豊かな世界を発見しうるかをひたすら書いているんです。実際、彼は全然寂しくないんですね。朝になれば鳥が鳴く。小屋にリスが訪ねてくる。生き物の気配があって、聞こえてくるひとつひとつの音に意味があって、いろんなものが彼のまわりに集まってくる。それが一人でいるとよくわかるのです。

〝solitude〟というたった一人の存在になることで、人間はけっして〝lonely〟（寂しい）ではないことを発見する。それは、今の我々が見失っていることかも知れません。「孤独」はもっぱら否定的に受けとめられ、孤独で寂しいからSNSでつながろうとする。それでも、日々の社会的孤立感や疎外感は真に癒されることはありません。一人でいることはネガティヴな状態であり、その創造的な可能性はまったく顧みられることがない。そういうときに、ソローは違うヴィジョンを与えてくれる思想家です。ソローはアメリカでも最高の思想家として読み継がれていますし、日本でも『ウォールデン』だけで、過去百年のあいだに一七種類の翻訳書が出ているほどです。こんな書物はめったにありません。

📖 自然が書いた普遍的な言語

ソローは種子《たね》や植物のこともたくさん書いています。森林はどうやってできるかということを、彼はずっと考えていたんです。

環境学的、自然科学的な意味で森林がどう形成され、変わっていくか。最初はブナの森だったところが、次第に別の樹木の森に変わっていく。なぜそんなことが起こるのか。人間が木を植えたりするのではなく、植物の種子がこぼれたり流れたりすることによって、森の変化は起きます。媒介しているのは風や水、動物や鳥だったりする。そうした、森の変遷の様子をずっと観察し続けたんですね。彼にとっては、種子が一番大きな研究対象で、亡くなるまでそれについて書き続けていました。

きみが種子を持っていることを示してさえくれたら、私はその驚異を受けとめる準備ができている。

（『種子への信頼（*Faith in a Seed*）』、今福龍太訳）

ここに書かれている「種子」は、植物や森だけの話ではなくなっています。言葉や人間の世界にも種子があって、その種子からすべてが芽生えている。思考の種子、道徳の種子、感情の種子……。すべてのものがそこから生じるのであり、それを彼は全面的に信頼していると言うのです。だから言葉の中にも種子があるし、本の中にも種子がある。種子は言葉をつくりだすと同時に、そこから言葉でできた思想もつくりだしている。言葉への信頼も、種子への信頼に還元できるということです。そういったことをソローは『種子への信頼』と題された手稿や膨大な日記のなかで書きつけています。彼が亡くなって一五〇年くらい経っていますが、二百万語を超えるソローの遺した日記をいまの私たちが学問的な資料として正確に読むための活字化の作業は、まだ半分くらいしか進んでいません。すべての日記が正確な校閲を経て読めるようになるまでには、あと数十年はかかるでしょう。

また、ソローは「自然が書いたもの」をとても大事にしている。植物の年輪から歴史や時間を読んだり、植物の葉の形が、土手に降りる霜や湖に張る氷にも現れることなどを観察し、たくさんスケッチしています。活字の書物だけでなく、自然の中にも書物がある。ソローがそこで感じ取っていたのは、自然が書いたもの――〝Nature's Writing〟でした。

いかに選び抜かれた古典であろうと、書物のみに没頭し、それ自身が方言や地方語であるに過ぎない特定の書き言葉ばかり読んでいると、隠喩なしに語る唯一の豊かな標準語である森羅万象の言葉を忘れてしまう恐れがある。それは大量に発表されるが、めったに印刷されはしないからだ。

（ヘンリー・D・ソロー『森の生活　ウォールデン　上』飯田実訳）

ソロー独特のやや比喩的な言い方ですが、彼はここで何を言っているのでしょう。英語であろうとフランス語であろうと中国語であろうと、人間にとっての普遍的な言語から見れば、それは一種の「方言や地方語」に過ぎない。「隠喩なしに語る唯一の豊かな標準語である森羅万象の言葉」。つまり、自然が書いたものこそがこの世界の唯一の標準語であり、いかなる人間に対しても伝達できる唯一無二の言葉である。自然の方が万人に通じる、はるかに豊かな言葉を持っている、ということですね。

ソローは自分の著書を、英語という「方言」で記した人です。そのうえで彼は、自然の書いた普遍的な言語こそが大事で、それらは滅多に印刷されないんだと言っている。自分が書く言葉は、実はそういうものに近づこうとしていると言いたいのかもしれません。

📖 アンゼルム・キーファーとパウル・ツェランについて

ドイツのアーティストに、アンゼルム・キーファーという人がいます。実験的な造形作品を作っている人で、彼の作品には本と木を主題にした作品がいくつもあります。その一つが「パウル・ツェランのために　ルーン文字の織物」（二〇〇五年）という立体作品です。

閉じられた本が乱雑に積み重ねられていて、焼け焦げた細いヒマラヤ杉の枝が、本の間に挟まれています。表紙に書かれている「ヒマラヤ杉の歌」というのは、ユダヤの古い民謡です。

細いヒマラヤ杉の幹が雲を抱くところ　ヨルダン川の奔流が流れ下るところ　そこに先祖の灰が眠っている　それはわが心の祖国。

（ユダヤ歌謡、今福龍太訳）

ヒマラヤ杉は聖書の中でも非常に重要な植物で、聖書にノアの箱舟という話がありますが、その船の原材料もヒマラヤ杉だと言われています。聖書の中では、聖なる樹木なんですね。

そのことも踏まえたうえで、キーファーはヒマラヤ杉の焼け焦げた枝を本の間に挟んでいる。ユダヤ人のホロコーストの悲劇を、ドイツ人として戦後ずっと考え続けてきたアーティストの筆頭がキーファーです。その歴史の痛ましい記憶、ユダヤ人の受難という記憶をこの作品の中に込めている。作品名が「パウル・ツェランのために」となっていますが、パウル・ツェランはユダヤ系の詩人です。ホロコーストで両親が強制収容所で亡くなり、彼自身も収容されたのですが、かろうじて生き延びた。パリに亡命し、それから詩を書き始めるのですが、一九七〇年、セーヌ川に飛び込んで自ら命を断ってしまいます。

彼は二〇世紀の詩人として、ホロコーストの記憶をもとに最も悲痛な詩を書いた人物です。だからキーファーは、「パウル・ツェランのために」という作品にしたのです。

しかもパウル・ツェランは、旧ルーマニアのブコヴィナ地方（現ウクライナのチェルニウツィー）生まれです。ブコヴィナ地方は、現在のウクライナ南西部で、ツェランが生まれた一九二〇年頃はルーマニア領だったのですが、その後ウクライナ領になりました。国境や民族が複雑に入り交じった場所です。

もう気づいているかもしれませんが、彼が生まれたブコヴィナという土地の名前は、ブックからきています。「ブナの国」「本の国」ということですね。その「本の国」で生まれた一人のユダヤ人が、ホロコーストの歴史の中で苦難を経て、書き続けた詩。究極の言葉。それに対するオマージュがこの作品です。表題の「ルーン文字の織物」とは、ラテン文字が使われる以前のゲルマン人の古代文字であるルーン文字が書物に書かれた文字の始原にあることを示唆しているのでしょう。ルーン文字は、樹皮や木片などに書かれていたものがいまも残る、神聖な文字です。

いま、ロシアとウクライナの戦争をめぐって専門家がいろんなことを言って、戦況や、予想される結末などについてコメントしていますね。いまの状況を国家と国家の対峙の問題としてしか語る術を持たないメディアの言説に、私は失望しているところがあります。ツェランの生き方、その仕事が示しているように、ルーマニア、ドイツ、ウクライナ、ロシア、といった国家領土がたえず流動するなかで、そのいずれにも帰属することなく、公式の「歴史」の外部で詩を書きつづけた者がいる。そうした存在の重要性をこそ、いま行われている戦争の光景の彼方に想像しなければならないはずです。

本と樹木の関係を考えるということは、このようにして、「戦争」という状況に別の光を当てることにもつながる、とても刺激的な行為なのです。

📖 水俣病と石牟礼道子

ここからは、私が強く影響を受けた作家・石牟礼道子についてお話しします。

二〇一八年に逝去された石牟礼道子さんは、一九二七年の熊本・天草で、天草の石工の家に生まれました。幼少期から天草の対岸である水俣で過ごしましたが、その水俣で、一九五〇年半ば頃から水俣病が発生します。水俣が面している八代海（不知火海）が、有機化合物アセトアルデヒドを作るチッソの工場廃液に含まれていたメチル水銀によって汚染され、魚や貝が水銀に毒されていった。最初に人間が残した魚を食べていた猫に症状が現れ、次いで漁師たちとその家族が罹り、最後には母親を媒介に胎児にまで大きな影響が出る。八代海というひとつの海が汚染され、巡りめぐって人間に連鎖し、その影響は生まれる前の胎児にまで及んだわけです。

私にとって、水俣病は重要な出来事でした。水俣病の被害は、一九五六年に公式確認されています。私が生まれた時期とも重なっていて、もし私が水俣で生まれていたら、胎児性水俣病患者になっていた可能性もある。胎児性の患者はみな私と同世代なのです。その意味で、私は水俣病をまったく同時代の、自分にも振りかかる可能性のあった出来事であると意識しながら生きてきたという感覚を持っています。

石牟礼道子著、講談社

その水俣病を考えるとき、中心にいたのが石牟礼道子さんでした。石牟礼さんの代表作『苦海浄土　わが水俣病』（一九六九年）は、水俣病に関する優れた著作です。水俣病患者からの聞き書きをもとに書かれていますが、必ずしもノンフィクションというわけではありません。石牟礼さんが実際に話を聞き、それを自身の中で一度透過させて生まれた、深遠な近代文明批判を含む壮大な文学作品です。

「杢太郎少年の章」爺さまの語り

『苦海浄土』に出てくる患者や家族の言葉は、どれも深く読者の胸をつきます。それらは学問的な教養のある人々の言葉ではなく、民衆の生活世界からまっすぐに生まれてきた言葉です。でも、彼らは魚の世界、海の世界、石の世界、植物の世界を知り尽くしている。そういうところに、学問とは違う別の知恵、野生の叡智があることを、石牟礼さんは教えてくれます。

水俣は天草から渡ってきた人々が多く定住した土地で、その言葉には天草言葉が豊富に生きています。石牟礼さんは聞いているとうっとりするような天草言葉をもふんだんに使って『苦海浄土』を書いています。ここで「天の魚」と題された章の一節を読みます。作中の江津野《えづの》杢太郎《もくたろう》は、九歳になる胎児性水俣病患者の男の子で、その子に向けて漁師のおじいさんが話しかけている場面です。

　わしも長か命じゃござっせん。長か命じゃなかが、わが命惜しむわけじゃなかが、杢がためにゃ生きとろうごてござす。いんね、でくればあねさん、罰かぶった話じゃあるが、じじばばより先に、杢の方に、はようお迎えの来てくれらしたほうが、ありがたかことでございます。寿命ちゅうもんは、はじめから持って生まれるそうげなばってん、この子ば葬ってから、ひとつの穴に、わしどもが後から入って、抱いてやろうごたるとばい。そげんじゃろうがな、あねさん。

　杢よい。お前やききわけのある子じゃっで、ようききわけろ。お前どま、かかさんちゅうもんな持たんとぞ。

お前やのう、九竜権現さんも、こういう病気は知らんちいわいた水俣病ぞ。このようになって生まれたお前ば置いてはってたかかさんな、かかさんち思うな。母女はもう、よその人ぞ。よその子どんがかかさんぞ。

杢よい、堪忍せろ。堪忍してくれい。

〔…中略…〕

石の神さんも在らすぞ。

あの石は、爺やんが網に、沖でかかってこらいた神さんぞ。あんまり人の姿に似とらいたで、爺やんが沖で拝んで、自分にもお前どんがためにも、護り神さんになってもらおうと思うて、この家に連れ申してすぐ焼酎《おみき》ばあげたけん。もう魂の入っとらす。あの石も神さんち思うて拝め。

爺やんが死ねば、爺やんち思うて拝め。わかるかい杢。お前やそのよな体して生まれてきたが、魂だけは、そこらわたりの子どもとくらぶれば、天と地のごつお前の魂のほうがずんと深かわい。泣くな杢。爺やんのほうが泣こうごたる。

杢よい。お前がひとくちでもものがいえれば、爺やんが胸も、ちっとは晴るって。いえんもんかのい――ひとくちでも。

（『苦海浄土』第四章「天の魚」）

杢太郎を生んだ母親は、胎児性水俣病の子を生んだということで、すぐに離縁させられて家にはいません。この子は、祖父母が育てているんですね。その傍らに、家を訪ねた石牟礼さん(文中の「あねさん」)がいるという設定です。「杢太郎」という少年の名前は、もちろん仮名です。患者の実名を伏せるために匿名になっているというわけでは必ずしもなく、上述の通り、石牟礼さんが『苦海浄土』をひとつの文学作品として書くために選び取られた方法として、この実在の少年は別名で登場するのです。

ここを読むことで『苦海浄土』の、ことばの繊細な運動性が伝わるでしょうか。爺さまの方言の語りは、漁師たちの使う土地言葉による、自然物と一体化するような言葉遣いのなかではじめて生き生きと訴えかけるものを持ちます。杢太郎のモデルとなった半永一光《はんながかずみつ》さんは、いまも元気です。車いすが手離せず言葉は不自由ですが、不自由な手でカメラを操作しながら写真を撮ることで懸命に自己表現をしてきました。『ふれあい・撮るぞ』(一九九七年)という写真集も出ています。数年前、半永さんは石牟礼さんの葬儀にも参加していました。石牟礼さんが杢太郎少年として描いた存在が成長し、写真も撮りながら意味のある生を営み、そして石牟礼さんの葬儀にまで出席した。人の世というものの尊いつながりを示唆する、驚くべき話です。

📖「常世の樹」としか名づけようのない巨樹

石牟礼道子全集のある巻に、私は解説を寄せました。蝶と木々をめぐる話です。それを書いたことで、石牟礼さんと文通がはじまりました。彼女が二〇一八年に亡くなるまで、何度か手紙を交わ

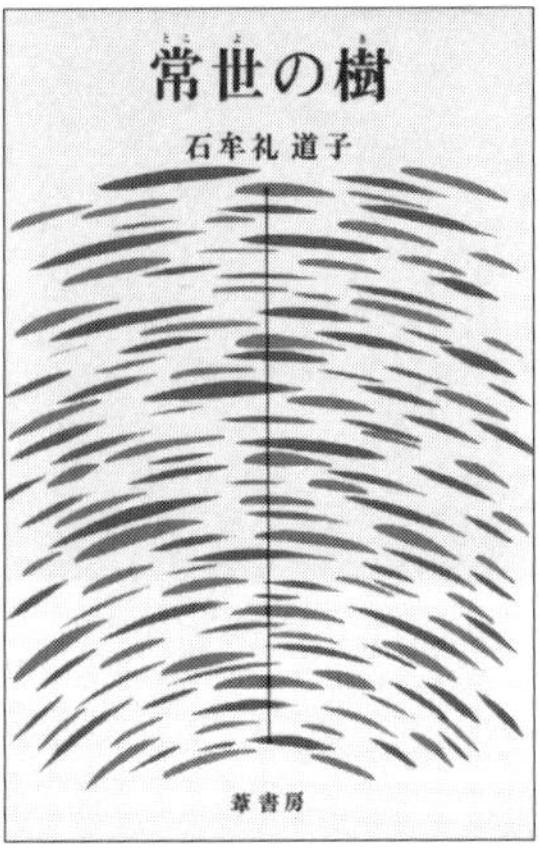

石牟礼道子著、葦書房

しています。彼女の生まれた天草を巡り、彼女のルーツを辿ったこともありました。

　石牟礼さんの作品はどれも素晴らしいのですが、『苦海浄土』と同じくらい、私が大切に思っているのがエッセイ集『常世の樹』です。石牟礼さんが九州や奄美・沖縄の聖なる木々を訪ね歩いた紀行文です。

　「常世《とこよ》」とは、民族学者の折口信夫が広めた言葉です。妣《はは》の国、死者の国、永遠の楽園、不老不死の国、いろんな言い方ができますが、古代人が海の彼方に想像していた楽園。折口のいう「妣」は、肉親としての母の意味ではなく、人間の命を産み出してきた女性の系譜、妣に連なる祖先たちすべてという意味です。

　つまり、石牟礼さんにとっての「常世の樹」というのは、現世に生えている木だけれど「常世の樹」としか名づけえない聖なる巨樹。遥か彼方にある死者の国、妣の国。永遠の楽園の木としか思えない大樹を訪ね歩くことで、石牟礼さんは生と死、現実と夢、この世とあの世の接点を確かめていったのです。

　そんな彼女が『常世の樹』の冒頭においたのが、天草上島、栖本《すもと》の汀に生える樹齢数百年のアコウの樹でした。アコウの樹はガジュマルと似ていて、枝の途中から気根を垂らし、その気根が地面に着くとそこから根が生えてやがて太い幹になっていく。アジアの熱帯・亜熱帯に多く分布する樹木です。

石牟礼さんの故郷・天草の上島《かみしま》と下島《しもしま》の間には、細い水道があります。そこに、天草でもっとも大きい町の本渡《ほんど》があって、そこから上島を少し東に行った小さな入江が栖本です。その海岸に、土地の人が「船つなぎの木」と呼ぶ樹齢数百年の大きなアコウの樹がある。漁船や交易船はこの大樹を目印にして仕事してきたわけです。

こういう大樹があるところに、人は住み始めます。このアコウの樹には、九竜権現様や海で拾った石が祀られていて、集落の人が日々拝んでいる。この大樹を、石牟礼さんはこう描写しています。

〔前略〕アコウの枝のあちこちに、ちいさなハゼや巻貝が、潮の満干につれて這いのぼり、枝にゆらめく光りの間から、蝶が舞い出ている景色であった。

（『常世の樹』）

昆虫を含む植物的な生命を宿すだけでなく、ハゼや巻貝などの海の生命も引き寄せて、すべての生命体を守護する存在。だから石牟礼さんは、このアコウの大樹を「常世の樹」と呼んだのです。

📖 現在の栖本のアコウの樹をめぐって

私も長いあいだ、世界中の大樹、聖樹を訪ね歩いています。樹木が聖地や神社になっていることは世界共通です。大きな木の周辺は、一種の神域、神様の場所になっていると誰もが感じるのでしょう。

この世の土地に生えているにもかかわらず、この世のものではない何かがそこにある。そういうとき、私は木に触りたくなるし、幹に耳を当てて木の呼吸や樹液の流れの音を感じたくなります。大きな生命体につつまれているような深い感覚を受けとめようと、私は、石牟礼さんのアコウの樹に匹敵するような自分自身の聖なる木を探しつづけています。

二〇〇〇年代になってから、私は栖本町のアコウの樹を訪ねてしばしば巡礼するようになりました。熊本から行ったことも、長崎から島原半島経由で行ったこともあります。このアコウの樹はおそらく、樹齢五〇〇年はあるでしょう。経過した年月を象徴する洞《うろ》がたくさんあって、根元や幹はびっしりと苔に覆われ、生命の原初的な形をすべて呑み込んでいる気配です。圧倒されるほどの樹木でした。さらにその樹下には、人々が日々拝む九竜権現の神様も祀られていました。

ところが、二〇一九年に訪ねたとき、なんと枝がすべて落とされた、無残な姿になっていました。大雪の影響で枝が折れ、危険だということで年老いた枝を切り落とされたそうです。その姿を見たときは大きな衝撃で、私は泣きたくなりました。石牟礼さんだけでなく、自分自身にとっても二〇年近く訪ねつづけてきたこの木はもはや「聖なる木」になっていたからです。

その後も心配で、今年（二〇二二年）の三月にも訪ねました。すると、アコウの樹は根こそぎなくなっていた。いつ倒れてもおかしくない老樹で、人間の上に倒れたら危険である、町と樹木医がそう判断し、根から掘り起こして処分してしまったのです。悲しいのを通り越して、ある種の怒りすら覚えました。

地元のおばあさんたちに話を聞くと、彼女たちも嘆いていました。ゴミ捨て場に持っていくなんて到底できないと、正月九日のどんどやき（天草では「鬼火《おねび》」と呼ぶ）の櫓《やぐら》にしたそうです。その櫓が海岸に残っているとのことで、見に行きました。そこには、燃えて黒焦げにはなっていたけれど、完全な灰にはなっていない太い幹が置かれていました。触れるとまだ生命を感じました。このときの気持ちを、なんと表現すべきか未だに分かりません。

石牟礼さんも書いているのですが、この木は、子どもが遊んで落ちたりしても、誰一人怪我をしなかったそうです。やっぱり神様の木だから、神様に守られているんだね、という一節が本の中にあります。それは迷信とは少し違うと思います。人間が木を神様として拝み、敬い、大切にし、日々の生活のさまざまな場面で木からメッセージを受けとめて生きる。そうした行為の中に、人間が安全に生きる秘密も隠れています。危ない木を取り払うことが安全ではない。切り倒すことが安全ではない。私たちは、安全というものをまったく取り違えているのではないでしょうか。

大きな木は、落雷や洪水、もしくは自然に倒れることで、ひとつの生命体がどう命を終えるのかを、自らの荘厳な死をもって人間に伝えてきました。ですが今や人間も木も、病院や医者が生死を決める。死が、自然のものではなくなってしまったのです。医療という制度によって、人間の自然であるべき「死」が管理されているのは確かです。

海や森を破壊した人間は、後にくる者たちに残すよすがの物をもう持っていない。

石牟礼さんは、あるところでこう語っています。「よすが」とは、「縁」、拠りどころです。人間はそういうものを手掛かりに、自分の生や他人とどう生きていくかをめぐる、自然の道理とも言うべき教えを受け取ってきた。けれど、海や森を失った人間は手掛かりや縁、自然からの言伝《ことづて》をもう持たない。九竜権現の石も、アコウの樹も、こうして失われようとしているのです。

木も人間への大切な「言伝」を持っています。あのアコウの樹が自然に倒れて命を終えたとしたら、途方もない言伝を村人たちに伝えたでしょう。天草や水俣には、「手形の木」という言葉があります。祖父母が亡くなる前に、子どもたち、孫たちに向けて手づから形見の木を植える。その木が何十年も経って、大きな木になって言伝を伝える。亡くなった人が、木として子どもや孫の成長を見守る。そして、「よすが」となる言伝を伝える。とても美しく、貴重なことです。

📖 **わが聖樹／武満徹「雨の木　素描」**

先ほどお話しした通り、私はいま世界中の聖樹を訪ね歩く旅をつづけています。そのなかで、たとえば大きなガジュマル樹があれば、その錯綜する幹のはざまに入り込んで、そこで瞑想したり詩を読んだりする。音楽家と一緒にいれば、私が詩を読み、音楽家がサックスを奏でるといった即興の遊びもします。遊びですが、深い遊びで、そこには自然への畏敬の心があり、祈りにも近いものです。奄美や沖縄との付き合いも二〇年以上になるので、私は三線の師匠に唄も学びました。ガジュマルの中に入り込んで三線を弾き、シマウタを歌っていると、樹が言葉を返すように感じたりします。

この講義の最後に、樹をめぐる音楽を聞いて終わりにしましょう。作曲家・武満徹が、大江健三郎の小説の一節をインスピレーションにして、「雨の木　素描」（*Rain Tree Sketch*［1982］）という美しいピアノ音楽を作曲しています。そのもとになったのが大江健三郎の「頭のいい〈雨の木〉」（『「雨の木」を聴く女たち』収録）という小説の一節です。

「雨の木《レイン・ツリー》」というのは、夜なかに驟雨があると、翌日は昼すぎまでその茂りの全体から滴をしたたらせて、雨を降らせるようだから。他の木はすぐに乾いてしまうのに、指の腹くらいの小さな葉をびっしりとつけているので、その葉に水滴をためこんでいられるのよ。頭がいい木でしょう。

この、ガジュマル樹の小さな葉裏に、まるで世界を映し出す無数の透明なレンズのようにびっしりとついた水滴のきらめきを想像しながら、この曲を静かに味わってみてください。

参考文献・読書案内

今福龍太『宮沢賢治　デクノボーの叡知』新潮社、二〇一九年

今福龍太『ぼくの昆虫学の先生たちへ』筑摩書房、二〇二一年

今福龍太『書物変身譚』新潮社、二〇一四年

＊

大江健三郎『「雨の木」を聴く女たち』新潮社、一九八六年

石牟礼道子『常世の樹』葦書房、一九八二年

石牟礼道子『苦海浄土　わが水俣病』講談社、二〇〇四年

Friedrich, Paul, *Proto-Indo-European Trees: The Arboreal System of a Prehistoric People*, Univ. of Chicago Press, 1970

柳田國男『雪国の春　柳田国男が歩いた東北』角川学芸出版、二〇一一年

寿岳文章『和紙風土記』筑摩書房、一九八七年

寿岳文章『日本の紙』(新装版)、吉川弘文館、一九九六年

ヘンリー・D・ソロー『森の生活　ウォールデン　上・下』飯田実訳、岩波書店、一九九五年

ヘンリー・D・ソロー『森を読む　種子の翼に乗って』伊藤詔子訳、一九九五年

Thoreau, Henry David, *Faith in a Seed: The Dispersion of Seeds and Other Late Natural History Writings*, Island Press, 1993

変わりゆく境界線に生きる人々

2022年10月5日、獨協大学図書館

講師 **増田ユリヤ**

ますだ・ゆりや＝ジャーナリスト。「大下容子 ワイド！スクランブル」（テレビ朝日系列）、YouTubeチャンネル「公式 池上彰と増田ユリヤのYouTube学園」などに出演。著書に『新しい「教育格差」』、『教育立国フィンランド流 教師の育て方』、『移民社会フランスで生きる子どもたち』、『揺れる移民大国フランス 難民政策と欧州の未来』、『世界を救うmRNAワクチンの開発者カタリン・カリコ』、池上彰との共著に『歴史と宗教がわかる！世界の歩き方』など。一九六四年生まれ。

取材への道

私はジャーナリストという仕事を、最初から目指していたわけではありません。大学を卒業してから、しばらくは高校の非常勤講師をしていました。実は、その仕事が大変で、転職をしようと思って、ご縁のあったＮＨＫのリポーターの仕事を始めたんです。でも、取材やインタビューの仕事を始めてからは、人と話すことや相手のことを考えるといったやり方を少しずつ身につけ、学校の仕事も楽しくなりました。

五〇歳になるまでは、非常勤講師を二七年間続けながら、取材や執筆をしてきました。でも、正社員になったことは、これまで一度もないんです。パスポートをとったのも、なんと三七歳のときです。

もともと学校に務めていたということもあって、最初のころは教育の問題を中心に取材していました。いじめや不登校の問題を扱ったこともあります。

池上彰・増田ユリヤ著、岩波書店

二一世紀になってからは、グローバル化が意識されるようになったのもあって、海外の教育に興味を持つようになりました。海外に目を向けることで、日本のことをより分かるようになりました。同時に、海外もいい面ばかり／悪い面ばかりではないと、気がついたんです。

欧米の学校を取材していくうちに、国家にとって教育は、やはり重要な位置づけなんだと理解しました。その教育を良くしていくには、政治が大きくかかわっている。それで、二〇一二年からは、アメリカやドイツ、フランスといった国々で、選挙取材をするようになりました。

これまでみなさんが耳にしてきた外国の選挙でいちばん驚いたのは、アメリカでドナルド・トランプ大統領が登場したときではないでしょうか。

私が最初にアメリカ大統領選挙を取材したのは、二〇一二年。オバマ大統領の二期目のときです。黒人の大統領が初めて誕生した後ということもあって、ニューヨークの黒人街「ハーレム」にあるデモクラティック――「民主主義」の名を冠した小学校へ取材に行ったこともあります。

それから四年後の、二〇一六年。共和党のトランプ氏と民主党のヒラリー・クリントン氏が大統領選でぶつかります。その前後から、トランプ氏の熱狂的な支持者と反対派との間で分断が始まっていました。トランプ氏が講演するという情報を前もってメディアに知らせてしまうと、暴動が起きる危険性もあった。そのため、なかなか取材ができなかったんです。

ヨーロッパ取材を終えたあと、アメリカ西海岸に移動し、飛行機を降りて携帯電話の電源を入れたら「今日、トランプ氏の演説会があるので、サンノゼという街に来てください」と連絡が来ていました。そこで初めて生でトランプ氏を見て、演説のあとに支援者の方たちの話を聞くことができました。

そして行われた選挙の結果、トランプ大統領が誕生します。彼が掲げた公約のうち、最も衝撃的だったのが「メキシコとの国境に壁を作る」というものでした。つまりトランプ氏は、不法移民をこれ以上入れないと言っていたのです。移民大国アメリカで、はたしてそんなことが本当にできるのかと、私はとても衝撃を受けました。

📖 アメリカ―メキシコ国境と背景

私は、気になることがあると、実際にそこに行って確かめないと気が済まないタイプです。そこで、アメリカとメキシコ国境の街、アリゾナ州ノガレスに行きました。両国の間には、もともと鉄格子でできたフェンスがあります。トランプ大統領の公約は、それをさらに強固で高い壁にして、人が出入りできないようにするというものだったんですね。

アメリカとメキシコの国境線をめぐっては、九〇年代よりフェンスが設置されはじめます。二〇〇六年のジョージ・W・ブッシュ政権のときには、安全フェンス法が制定され、壁の一部建設が政府に義務付けられました。二〇〇一年に9・11アメリカ同時多発テロが起きて以降、アメリカでは、移民やキリスト教以外の宗教を信仰する方々への規制が厳しくなっていった。そうした流れがあっての法制定でした。

以前は、鉄格子を挟んで家族同士がピクニックをするといった光景もあったそうです。直接行き来できなくとも、フェンスの手前と向こうで家族が会うことができた。しかし次第に、法律が厳しくなっていきます。そしてついに、フェンスの近くで遊んでいた幼い子どもの命が国境警備隊の銃撃によって犠牲になるという事件まで起きてしまいました。

世界史の話を少しだけしします。もともと北米大陸は、イギリス・フランス・スペイン・アメリカ、そしてメキシコがそれぞれ領土を持っていました。でも、一九世紀になって、金銭的な事情などから、各国が土地をアメリカに売っていったんです。アリゾナについては、メキシコから買うだけでなく、アメリカが戦争に勝って獲得した地域もあります。

植民地を売買したり、戦争を経て土地を得たり失ったりする度に、アメリカ－メキシコ間の国境線は大きく変化していった。ノガレスも、アメリカがメキシコから買い取った地域です。もともとはメキシコだった町の一部が、アメリカの領土に変わったんですね。その結果、メキシコにルーツを持つ人がアメリカに組み込まれることになりました。そしてアメリカとメキシコの国境を挟んで、双方に同じ名前の町が存在することになった。ノガレスに住む人々は、国境によって、同じ町に住んでいたはずの親族や友人とも自由に会えなくなりました。

本来であれば、自由に出入りできてしかるべき場所にフェンスや、壁が作られたことで、家族や友人が分断されていきました。

命がけの砂漠越え

現地に取材に行った私は、リカルドさんという男性にフェンスまで案内してもらいました。リカルドさんは、アメリカ国籍ですがメキシコにルーツを持つ方です。彼は、国境を不法に越えてアメリカで生きる術を探そうとする人たちの手助けをしているんですね。

不法に入ってくる人たちの手助けをすると、犯罪者になってしまうのではないか。そう思ったのですが、よくよく話を聞くと、そうした活動を行う目的も理解できました。

アリゾナ州には、広大な砂漠があります。メキシコからアメリカにやってくるには、この砂漠を超えなければならないんです。でも、砂漠ですから、ガラガラヘビやサソリなど毒をもった生き物がいる。水もないので、知識を持っていない人が入って来ると、死んでしまいます。また、雨が降る時期になると、雨で足の皮が腐って、歩けなくなってしまう危険もあります。砂漠の中には、一〇歳に満たない子どもの遺体が放置されていることもあるそうです。

だから彼は、メキシコ側でサバイバル術を教えている。国境を渡ることそれ自体を手助けするのではなく、文字通り命を守る方法を教えているわけです。

繰り返しになりますが、本来であれば自由に出入りできてしかるべき国境線です。けれど、政治によって分断が引き起こされてしまっている。不法移民がいなければ、農場などの運営がままならないといった理由もあって、アメリカはメキシコから渡って来る人を入れたり入れなかったりを繰り返しているんです。

トランプ大統領は取引をする人なので、未申請の不法入国者と引き換えに壁の建設費を議会で認めろという動きもありました。結局それらは上手くいかず、中途半端なままとなっています。トランプ氏の公約は表面的に壁を作り、人の出入りを規制するだけにとどまらなかった。そこで暮らす人にとっては、さまざまな影響や事件に巻き込まれてしまう。そのことを学んだ取材でした。

📖 アメリカにおける移民・難民の現状

バイデン大統領の民主党政権になってからは、移民に対して寛容な政策をとるようになりました。二〇二二年一〇月には、中間選挙を控えています。なんと共和党支持の地域やテキサス州・フロリダ州の一部では、ニューヨークやハリス副大統領の官邸などに移民を乗せたバスをピストン輸送しているそうです。移民にそこまで寛容なら、あなたたちの地域に送ってあげる。なんとかしろという理屈です。アメリカでは、こういった極端な行動も起きます。

また、取材の中で、国境を越えることの厳しさを肌身で感じた出来事もありました。アメリカ－メキシコ間の国境の中には、歩いて渡れる場所もあります。そこで私も、もちろん、パスポートと荷物のチェックはありましたが、国境を行き来して双方の国で取材をしました。

取材を終えたのは、午後7時過ぎ。さきほど紹介したリカルドさん、現地のコーディネーターの女性、そして私の三人で行きと同様、帰りも車で国境を渡ろうとしたんです。行きは問題がなかったのですが、メキシコからアメリカに戻る際、ゲートで止められてしまった。コーディネーターの女性のパスポートが、中東のものだったからです。彼女のお父さんは、クウェート人です。トランプ政権になってから、中東の人たちは非常に厳しい管理下におかれていたので、私たちは止められてしまったのです。

万能と言われる私の日本国パスポート、さらにはアメリカで取材するためのジャーナリストビザを見せても、田舎の国境にいる警察には、ちっとも意味がありませんでした。

この三人は怪しいから連れていけ。スマホもパスポートも置いて行けと、身一つで別室に連れていかれました。たった三〇分程でしたが、さすがに緊張が走りました。

不法で入ってくる人や家族とともに越えていこうとする人は、どれほどの危険を冒して渡ろうとしているのか。生きていくために国境を越えようとする人が、どれほどいるのか。そういったことを身に沁みて実感しました。

少年院に入るか、GPSをつけるか

不法移民の中には、子どもを連れてやってきた入国者もいます。でも、子どもたちには罪がない。物心つく前にアメリカに来たため、自分をアメリカ人だと思って育った人もいます。そういう人たちは、「ドリーマー」と呼ばれます。

そのドリーマーが急に捕まったりする事件が多々起きていたので、彼ら彼女らの権利を認めていこうという動きもありました。たとえば、DACAと呼ばれる「若年移民に対する国外強制退去の延期措置」などの政策が導入されています。

アメリカで移民の取り締まりが厳しくなっていく中で、私はある女性を取材しました。彼女の名前は、アダマさんです。両親はギニア出身で、アメリカに来たのは赤ちゃんのころでした。そんな彼女は一六歳になったときに、突然FBIに連行されたんです。本人はこのときまで、自分をアメリカ人だと思って生活していたそうです。

アダマさんはイスラム教徒で、そのために自爆テロの計画をしていると疑われてしまったんですね。身に覚えがないにもかかわらず連行された彼女は、少年院に入るか、GPSをつけて行動を管理されるかを迫られます。彼女は後者を選びましたが、その影響で周囲の目も厳しくなり、高校も中退することになってしまいました。

でも、それはおかしいとアメリカで支援団体が作られました。裁判を経て、永住権を獲得し、今ではパートナーと暮らしています。彼女の夢は、看護師の資格をとって人の役に立つ仕事をすることだそうです。

もし、自分がアダマさんのような目に遭い、不自由な生活を強いられたらどんな気持ちになるだろうかと、考えさせられました。

📖「一九四五年を忘れてはいけない」

次に、ヨーロッパの事象を紹介します。ヨーロッパでは、二〇一五年に難民危機が起きました。シリア内戦によって多くの難民が、北上を続けてヨーロッパに入ってきたからです。二〇一五年九月、ドイツ・ミュンヘンの中央駅に難民が列車から降りてくるというニュースを聞いた私は、取材に行きました。

そこで見た光景に、私は驚きました。列車から降りてきた四〇〇〇人近い難民の身分証を警察が一つずつ確認し、外ではボランティアが彼らを誘導しながら、食料などを手配していた。簡単な健康チェックのほかに、なんと滞在地への移送バスまで準備されている。ドイツにはその年、一〇〇万人以上の難民が入ってきました。でも、行く場所のない人たちが道で寝ているような光景を見ることはありませんでした。

ボランティアの中に地元出身の男性がいたので、なぜこの活動に参加しているのかを尋ねました。すると、彼はこう答えたんです。

「困っている人がいたら助けるのは当たり前だ。私たちは一九四五年を忘れてはいけないのだから」

ヒトラーがユダヤ人を虐殺した歴史を、絶対に忘れてはいけない。だから私たちはどんな人でも困っている人を助ける。この言葉を聞いた時に、ドイツには真剣に自国の過去や歴史に向き合おうとしている人がいるのだと知りました。本で読んだり、人から聞いたり、ニュースで見たりするのではなく、直接言葉で思い知らされた出来事でした。

ドイツにやって来た難民の一〇〇万人ほどは、そこに留まって新しい生活の準備を始めます。でもさすが難民の中には、イギリスへ行きたいという人も多い。イギリスの公用語は、英語です。英語を身につけることができれば仕事の幅も、生きる場所も広がる。そのため、若い人たちは、イギリスを目指すんです。

フランスの難民キャンプ

フランスは、イギリスに渡るための通過点となっています。とくにドーバー海峡を渡る際のチェックが厳しいので、渡航のチャンスを待つため、フランス北部の街カレーに滞在する人が多い。

　私はミュンヘンに行った後、フランスの難民キャンプに寄ることにしました。「難民キャンプに連れていってほしい」。そうタクシーの運転手にお願いすると、「本気か。本当に危ないぞ」と、再三言われました。そして実際に行ってみると、想像を超えていました。

　高速の高架下、ゴミの山と一緒にテントが張り巡らされていました。これは政府が作ったものではありません。この場所に自然とできてしまうキャンプ地で、地元の人からはジャングルと呼ばれています。仮設の水道は用意されていますが、十分な道もない。難民たちは、そのような場所で暮らしています。イギリスまで渡ろうとする難民の多くが、若くて体力のある人なのは、こういう理由もあるのです。

　キャンプの中に踏み込むと、英語で話しかけてきた青年がいました。アフガニスタン出身で、二〇歳ほどの男性です。故郷でさまざまな苦難があって、逃げてきたというんですね。お母さんがすでにイギリスで暮らしているそうなので、彼自身も渡英を希望しています。

　学校の先生をしていたという彼は、英語で私たちにいろいろ事情を説明してくれました。そこまではよかったのですが、その後、「ぜひ自分の家でお茶を飲んでいってくれ」と誘われたんです。少し困惑したものの、インタビューに答えてもらったので、彼についていきました。予想通りというか、彼の「家」とはテントのことだったんです。

　アフガニスタンには、お客さんを丁寧にもてなす文化があります。だから、お茶に誘ってくれたということは頭ではわかっていました。けれど、いざテントの中に入ってお茶を飲むのは、躊躇ってしまった。疑うわけではないけれど、通訳の女性と私二人だけということも不安でした。それに、衛生状態も気になった。

どうすべきか悩みましたが、結局、その後に取材が入っていたということもあって、彼にキャンプの入り口まで送ってもらって別れました。

📖 ドイツ第一主義の青年

同じく二〇一五年、一一月一三日。パリで同時多発テロが起きました。カレーで難民キャンプを取材した直後のことです。このテロの実行犯のアジトは、パリ市北部に接するサン＝ドニという町にありました。サン＝ドニは移民の町で貧困層も多く、確かに教育現場でも問題の多い町でした。しかし、そこで頑張っている教師や保護者もいたので、何度も取材に通っていました。私にとっては馴染みのある町だったので、移民が出自の若者たちがテロの実行犯だったことにすごくショックを受けました。

ヨーロッパはキリスト教が主流の世界なので、イスラム教の人と生活や文化、習慣などが違います。だからこそ、イスラム教徒をはじめとする異教徒・異文化の方を受け入れようとする人たちもいます。でも、歴史的背景もあって、キリスト教圏でムスリムの方たちが生きていこうとするには、実際上手くいかないことも多い。

不満が蓄積されていく状況で登場したのが、イスラム過激派イスラム国（ＩＳ）です。ＩＳがＳＮＳを使って若者を勧誘し、テロを起こす。それが、二〇一五年以降続いていました。

ドイツでも何度かテロが起きて、難民がキューバ系移民を殺すという事件が二〇一八年に発生しました。ちょうどその頃、バイエルン州で選挙があったのでドイツにいた私は、事件のあった場所へ向かいました。旧東ドイツのケムニッツ（旧：カール・マルクス・シュタット）という街です。

そこで、一人の青年に取材をしました。彼はドイツ第一主義で、移民・難民排斥の活動を行うプロ・ケムニッツという団体に所属しています。日本でいう公安に監視されている人で、なかなか取材調整がうまくいかなかったのですが、なんとかコンタクトを取って、会いに行きました。

移民を排斥しようとする彼の主張は、こうです。

「不法に入ってきた人が自分たちの生活を脅かすのは、絶対に許せない」

また、極右思想を持っている外国の方に会うと、必ず言われることもあります。

「日本は素晴らしいよね、外国人をいれないし」

プロ・ケムニッツ所属の青年からも言われました。この言葉を言われると、私はなんと返答したらいいのか、いつも分からなくなります。

移民排斥のデモ集会も取材しました。デモには四〜五〇〇人ほど集まっていましたが、「マスコミは帰れ」と、誰もインタビューに応じてくれない。それでも、地元の人間には話を聞くことができました。

「自分たちの税金が難民に使われるにもかかわらず、年金は安い。それは、おかしい」。彼らはそう言います。でも、その数字というのはネットや右派団体が出しているもので、事実とは違います。ただ、その人たちは、なんとなく自分たちが損をしているような気がして、難民の人たちを敵視している。

実際のデモは、「私たちこそドイツ市民である」という横断幕を掲げて、街を練り歩くものでした。ですが、ここに参加しているのは、実は地元の人ではありません。ドイツ各地にいる極右と呼ばれる人たちは動員をかけられて、活動をしているんですね。地元の人全員が、移民に反対しているというわけではないんです。

📖 〝MY DRESS MY CHOICE〟

ドイツでは多くの難民を受け入れて以降、反イスラム主義・反難民を掲げる極右政党ＡｆＤが台頭してきました。二〇一七年の選挙では、なんと12・34％の議席を獲得しています。支持者が予想よりも多いことについて専門家に尋ねると、実はこれまでも一定数はいたと教えてもらいました。ドイツには負わなければならない歴史があるから、表立って反移民を主張する人は少なかった。でもいまは、極右政党への支持を公言する人も多くなり、その結果、極右政党に投票する人たちが増えてしまったんです。

ミュンヘンで行われたＡｆＤのデモも、取材に行きました。規模が大きく、外国人は出て行けと

極右政党に対し、無言で訴える女子高生　©2018-2022 Julia Masuda

いうヤジが飛びかっていた。その中で、黙ってダンボールで作ったカードを掲げてたった一人で立っている少女がいました。

〝MY DRESS　MY CHOICE〟（自分で着るものは自分で選ぶ）

そう書いたカードを持った彼女が身につけていたのは、イスラム教の民族衣装をシースルーの素材で作ったものでした。「中身はみんな同じだということを訴えたかった。外見だけで、その人を判断すべきではない」。彼女はこのように話してくれました。

取材をしている私が眉を顰めたくなるような酷い言葉をデモ参加者の大人たちに投げられながらも、一八歳の女性が微動だにせず立っている。そのことに非常に感動しました。

違う考えを持つ人たちに向けて

日本と違い、海外のデモでは右派／左派を問わず、若者が率先して自分の意見を表明しています。自分の持っている主張を、考えが違う人たちに向けて、お互い表明していく。それを、学生や若い人たちがやっている。政治活動が明るく活発であることに、驚かされました。

そういった政治的な活動や、自分と考えが違う人たちに対する正当な形での意思表明は、さまざまな場所で見られました。たとえば、ニュルンベルクやミュンヘンでも極右の集会に反対するデモが起きて、後者は二万人も集まっています。

ドイツの人が、みんなが同じ考えを持っているわけではない。ボランティアで難民支援を行う人がいる一方で、プロ・ケムニッツの青年のような考えを持っている人、過去にさかのぼれば、親族がナチ党員だった人もいる。

だからこそ、世の中で広く言われていることや表面にでてくることだけが真実ではないと、考え、伝える必要性があります。

📖 コロナ禍での取材——カタリン・カリコ氏について

コロナ禍になる前、最後に行った現地取材は、二〇二〇年三月にバイデンさんがアメリカ大統領選挙の予備選挙で民主党の代表になったときです。それ以降、海外取材はストップしてしまいました。ですが、わずかながらメリットもあった。海外の人に取材をするときに、厳密なアポイントメントが不要になったんです。私が現地に取材に行く場合、スケジュールが限定されるので、会えない人もいます。でも、リモートだと、相手の都合に合わせてインタビューができる。そのおかげで、取材が行えた人もいます。

たとえば、コロナワクチン開発の基礎となるｍＲＮＡ研究をしているカタリン・カリコさん。彼女は、ハンガリー出身でアメリカ在住の研究者です。ファイザーやモデルナのワクチンが開発できたのは、彼女の研究成果のおかげだともいえます。

カリコさんは、一九五五年に社会主義体制だったハンガリーに生まれ、ブダペストの科学アカデミーで研究を始めました。ですがハンガリーの財政事情から、研究費が打ち切られてしまい、アメリカに渡りました。生まれた家も貧しく、移民ということもあって英語は流暢ではない。さらに、理系の女性です。厳しい環境の中で、数々の苦労をされてきました。そんな中で、アメリカ人の共同開発者と出会い、ワクチンの基礎をつくりあげたんです。

けれどカリコさん自身は、もともと新型コロナのワクチンを作ろうとしていたわけではありません。薬を作り、病に苦しむ人を一人でも救いたい。その想いから、ひたすらに研究を行っていたのです。彼女に話を聞いたとき、今後も薬を作って人を救いたい、だから研究を続けるのだと言っていました。

世界を救う
mRNA
ワクチンの
開発者
カタリン・カリコ
ジャーナリスト
増田ユリヤ
インタビュー・執筆
インタビュー掲載！
京都大学iPS細胞研究所所長
山中伸弥教授
世紀の発見は
逆境から生まれた
ノーベル賞に最も近い研究者の挫折続きの人生とRNA研究の可能性について
コロナワクチン開発秘話！
ポプラ新書
増田ユリヤ著、ポプラ社

📖 恩師の支えと手紙

カリコさんが研究の道に進むことができたのは、高校時代の生物の先生の支えが大きかったそうです。彼女の恩師は、御年80歳を超えるトート先生という方。彼にも、オンラインで取材することができました。

社会主義体制下だったハンガリーで、自由に研究ができなかった研究者たちは、アメリカやカナダに亡命していきました。そのなかに、ノーベル賞をとったセント＝ジェルジ・アルベルト氏やストレスに関して有名な著作を残したハンス・セリエ氏もいた。

この二人に手紙を書くよう、高校時代のカリコさんに提案したのがトート先生でした。手紙を書いたはいいものの、アルベルト氏のアメリカの住所が分からない。困ったカリコさんのために、どうすればいいかをトート先生が郵便局に問い合わせたそうです。すると、ノーベル賞学者だから、名前とUSAとだけ書いていたら着くのではと言われた。

その通りに送ってみると、手紙は本当に届き、たった一週間でアルベルト氏から返事が送られてきました。そこから、カリコさんとアルベルト氏の文通が始まったそうです。

一方、セリエ氏は、カナダにいましたが、住所が分かっていたので、問題なく手紙を送ることができました。返事は、ハンガリー語で返ってきました。この経験から、カリコさんは絶対に自分も科学者になると決心しました。

📖 現在の取材――ハンガリーの歴史から

カリコさんがきっかけとなって、私は現在、ハンガリー周辺の国々を取材しています。二〇二二年の三月、六月、九月と三回、ルーマニアのトランシルヴァニア地方に取材に行ってきました。そして、やはりこの地域でも移民や言語に関する課題が存在しています。

中東欧や東南欧の一部地域は、かつてオーストリア＝ハンガリー二重帝国という大きな国でした。日本でも、ミュージカル『エリザベート』が話題になりましたが、彼女はその帝国の皇后として、ハンガリー側の地位向上のために動いた女性です。ハンガリー人にとってエリザベート皇后は、自分たちの自治権獲得のために協力してくれた人物なのです。

一九一八年の第一次世界大戦の終結によって帝国は崩壊し、国境が分かれていきました。今ではルーマニアに属するトランシルヴァニア地方も、かつてはハンガリーの領土でした。アメリカの例と同じように、その地域には、ハンガリーにルーツを持つ人が住んでいます。

ドラキュラの里として有名なルーマニア・ブラショヴには、この街を作ったザクセン人／ドイツ人が昔からいます。少数民族として、ハンガリー人も住んでいる。だから街の名を示す看板などもルーマニア語・ドイツ語・ハンガリー語の三言語で表記されていることもあります。

では、ルーマニア人以外のハンガリー人やザクセン人といった、少数民族といわれる人たちは、どういった暮らしをしているのか。今はそのことに関心をもって取材を行っています。

三言語表記によるブラショヴの看板　©2022 Julia Masuda

📖 安心して、安全な場所で暮したい

このような取材を、私は約二〇年間続けてきました。世の中には、さまざまな境遇の人たちがいます。移民や難民というと、一定の先入観を持って考えてしまうかもしれません。自分と異なる人たちをよく思わない人も、たしかにいます。たとえば、さきほどのルーマニアに残されたハンガリー人について。彼らがハンガリー語を話すのを良く思わない現地の人もいます。

人の感情は、時代や国、その時々の状況によって違ってきます。世の中は多様性を認めようとしているけれど、どうしても違う考えを持つ人たちもいる。その中で、どうしたらいいのか。私自身、常に考えていることです。けれど、いかなる立場であれ、共通していることもある。それは、安心して、安全な場所で暮したいということです。

国境や移民の問題も、背景となる歴史を知らなければその重要性は理解しにくいです。日本は海に囲まれているけれど、地続きの国の人にとっては、国境が与える影響は計り知れません。歴史を知って物事を見るというのは、そこで生きている人たちの想いを考えるうえで、本当に大切です。

質疑応答

Q1　歴史を学ぶ重要性や、我々が歴史をどのように学んでいけばいいか、ぜひお伺いしたいです。

増田　世界史教科書の地図は、点や線、色などを使って、時代ごとに民族や領域を複雑に描き分けていますよね。一見すると、とてもわかりくい。それでも、一体なぜそのように描いているのか。それは、国境が変わってしまったことで、さまざまな人に影響があったからです。ほんのわずかな変更であっても、そこで暮らす人々には大きな影響がある。地続きの国の人にとって国境が変わるということは、それまでの暮らしが一変することに他ならない。

だから、歴史や背景を知ったうえで物事を見ることがとても重要になります。ひとつの条約や出来事が現地の人にとっては、とても重大な意味をもっていることを、私たちは学ぶ必要があります。

もう一つ、歴史を残すという点でもお伝えしたいことがあります。先ほど、ルーマニアのトランシルヴァニア地方に取材に行ったとお話ししました。そこで私は、ハンガリー人の国境警備隊の歴史を保存する博物館に立ち寄りました。

この地域の国境警備隊は昔、セーケイ人と呼ばれるハンガリー系の人々が担っていました。そのため、「国境」とはハンガリー王国時代のものを指します。彼らがいた証しを残したい。その思いから建てられた博物館です。

少しややこしいのですが、博物館として使われている建物は、もともとアルメニア人が住んでいた家を改装したものです。なぜ、アルメニア人が出てくるのかというと、オスマン帝国が関係しています。かつてその地域で覇権を握っていたオスマン帝国の国教は、イスラム教でした。キリスト教を信仰していたアルメニアの人たちは迫害され、東欧まで逃げてきたんです。彼らはお金持ちだったので、大きな建物を建てることができました。

つまり、現ルーマニアの町にある、かつてアルメニア人が建てた家が、ハンガリー人の国境警備隊博物館として使われている。この事例だけでも、国境や民族がどれほど入り乱れていたかが分かると思います。

館長にインタビューすると、「歴史という「事実」を残すためにつくった博物館です」と言っていました。この地域にハンガリー人がいたことを残していきたいけれど、国を守った英雄のように誇張して伝えるのはよくない。国が誕生したり滅んだり国境が変わったりする中で、正しいとは言えない行いもきっとしている。自分たちの都合のいい歴史を後世に残すのではなく、いいことも悪いことも含め、「正しい」歴史を伝えるために、博物館を建てたんです。そういうことをしなければ、紛争はなくなりません。館長は、そう言っていました。

たとえばナチス・ドイツのように、現在からみると悪だと言われる行為も、その時代、その状況によって、時の権力者が「正しい」としてきたことでした。同じようなことは、過去を振り返ればたくさんあるでしょう。けれど、時が経ったときに、その行いはどうだったのか。それを検証していく学問が、歴史です。歴史を学び、正しく理解したうえで、正しく伝えていく。こういう世の中だからこそ、その重要性は高まってきているのではないでしょうか。

参考文献・読書案内

池上彰、増田ユリヤ『突破する教育　世界の現場から、日本へのヒント』岩波書店、二〇一三年
池上彰、増田ユリヤ『現場レポート　世界のニュースを読む力　２０２０年激変する各国の情勢』プレジデント社、二〇一九年
増田ユリヤ『揺れる移民大国フランス　難民政策と欧州の未来』ポプラ社、二〇一六年
増田ユリヤ『世界を救うｍＲＮＡワクチンの開発者 カタリン・カリコ』ポプラ社、二〇二一年

書物は世界への入り口

2022年10月14日、明治大学図書館

講師　温又柔

おん・ゆうじゅう＝作家。著書に『来福の家』、『台湾生まれ　日本語育ち』（第六四回日本エッセイストクラブ賞）、『真ん中の子どもたち』、『空港時光』、『「国語」から旅立って』、『魯肉飯のさえずり』（第三七回織田作之助賞）、『永遠年軽』、『祝宴』など。また、同年にデビューし、ともに芥川賞候補となった木村友祐氏との往復書簡を書籍化した『私とあなたのあいだ』が共著にある。一九八〇年生まれ。

本を読むということ

私は小さいときから、本がたくさんある場所が好きでした。図書館や書店のように、本が並んでいる場所にいると、わくわくします。

作家の私がそのように言うと、きっとたくさん本を読んでいるんだろうなと、みなさんは想像するかもしれません。ですが、冊数という意味で言えば、実は私はたくさんは読んでいないんです。

本を読むとは、どういうことか。本日は、私の読書経験をお話しすることで、みなさんが読書に対し、少しでも気楽に考えてくれるようになったらいいなと思っています。読書は、自分の人生において、こころの栄養分をうまく摂取する営みであること。そういう気持ちになってくれたら、嬉しいです。

世の中には、年間に一〇〇冊以上の本を読む人もいます。ですが私は、自分にとって気に入った本を箇所によっては、何百回も繰り返し読む。たとえば一冊の本をめくったときに、強く印象に残る一行二行あるいはワンフレーズ。あぁ、この一行を私読みたくて、いままで生きていたのかも。そんな風に思える一行と出会えたら、私はその本を「読んだ」とカウントすることもあります。それもひとつの読書だと思うんです。

新しい世界との出会い

本がたくさんある場所はわくわくすると、最初にいいました。でも、その源泉っていったいなんだろう。たとえば目の前に並んでいる本の中から一冊をめくると、いま自分がいる場所とは違う世界が広がってくる気がする。自分に見えている現実とは別の現実が、ひとつの本に束ねられているように感じられる。

そんな感覚に、私はすごくわくわくするんですね。本を見ていると、さまざまな世界につながる扉が、たくさん転がっているような気分になる。だから今回の講義タイトルを、「書物は世界への出入り口」とつけさせてもらいました。

講義にあわせて明治大学の図書館さんが、私の本やオススメ本を講義台の隣に並べてくださいました。この中には一冊ずつに、別の世界が束ねられています。普通に生活しているだけでは届かない領域。学校に行って、電車に乗って、家に帰る。それだけでは、見えてこない世界。触れられない世界。それらの場所がページを少しめくっただけで、もしかしたら手に届くかもしれない。このワクワクするような感覚を大事にしながら、私は生きてきました。

温又柔著、新潮社

私がこの感覚を最初につかんだのは、いつだったのか。それは、初めて「文字」というものが読めるようになったときでした。

みなさんは、ひらがなやカタカナ、そして日本語の漢字も不自由なく読めると思います。でも、生まれてすぐに読めたわけではありませんよね。どんな人でも、生まれたときには、ひとつも文字が読めない。けれど、みなさんは今、文字として書かれたものを自由に読むことができるはずです。

中国語と台湾語、そして日本語との出会い

私が最初に覚えた文字は、ひらがなでした。けれど、ひらがなを覚える以前に、別の言語の中で暮らしていた時期があります。

私が生まれたのは、台湾の台北です。今から四二年前になります。台湾では多くの人が中国語を話していますが、加えて、台湾語と呼ばれている言語も話されています。私が赤ん坊だったとき、大人たちがかけてくれたのは次のような言葉でした。

「哎呀《アイヤー》　這個娃娃《ツェガワーワー》　好可愛《ハオクーアイ》　ピーフー　ユゥミィミィ」

日本語に翻訳すると、次のような意味です。

「わー、この赤ちゃんかわいいね、お肌がとてもやわらかいよ」

「哎呀」は掛け声で、「這個娃娃」と「好可愛」は中国語。そのあとの「ピーフー　ユゥミィミィ」は、台湾語です。私が赤ちゃんのときに、耳に注ぎ込まれていた言葉には、中国語と台湾語が混ざりあっていたんですね。台湾で過ごしたのはたった三年間ですが、私の人生にとっては重要な数年間でした。

そして私は、三歳のときに日本の東京で暮らし始めます。同時に私の世界には、日本語という言

語が加わることになります。とはいえ三歳から五歳までの二年間は、ずっと両親と一緒だったので、日本にいても、中国語と台湾語が中心の世界で暮らしていました。

けれど五歳になった年の春、あることに気がつきます。

私がいるこの世界には、どうやら二つの言葉がある。一つはお家の中だけ〝で〟通じる言葉。もう一つが、おうちの外で〝も〟通じる言葉です。

私は五歳になってから、日本の幼稚園に通い始めました。四〇年近く前の東京は、まだまだ外国にルーツを持つ人が少なかった。通っていた幼稚園も、私以外はほぼ全員が日本の子どもでした。もちろん幼稚園の先生も日本人で、みんなが日本語を話しています。日本語以外が通じない世界に、何も分からない世界に、私は突然放り込まれてしまったんです。

温又柔著、中央公論新社

そこには、私の知っている中国語や台湾語を理解してくれる人が一人もいない。私自身、言いたいことがあっても、それをうまく日本語にできませんでした。だから周りの人たちは、私をまるで言葉を持ってない子のように扱います。

家に帰るといつも通り、中国語と台湾語が通じる。お母さん、お父さんには通じる。台湾から遊びに来た親戚にも通じる。でも、一歩ドアを開けて外に出ると、通じていたはずの言葉がまったく通じない。もしも当時の私の周りに、中国語や台湾語を喋りたいという人が一人でもいたら、何かが違ったかもしれません。ですが、私が置かれた環境は、日本語以外通じない世界でした。

📖 言葉のズレ

五歳の私は、必死に自分の言葉が他の人に通じるよう努力しました。大人になってから行う語学勉強とは、意味が違います。とにかく、この世界で自己主張するために、断片的でもいいから言いたいことを言う。相手の言いたいことを理解する。そうしないと絶対に、この世界で生きていけない。子ども心にそう思いました。

今でこそ、私は何の不自由も感じずに日本語を喋っています。それでもこんな私には日本語を獲得するまでにそういう時間があった。もしも、私が最初から日本語の環境の中で育っていたら、幼稚園に入ってそのような格闘はせずにすんだでしょう。でも、赤ん坊のときに出会った言葉と、その後の幼稚園という社会で使う言葉が、私の場合はたまたまズレていた。このズレが、今にも繋がる私の人生の大きな決定打となっていきます。

だいたい一年ほどで、私は他の子たちと同じぐらい日本語が喋れるようになりました。来日の時期がもう少し遅かったら、もっと大変だったと思います。四、五歳の子どもだったおかげで、同世代の子どもたちとのギャップを一年少しで埋めることができた。けれど、もし来日の時期が一二〜一五歳だったら……。その時間のギャップを埋めることは本当に大変だったはずです。

実際、今の日本にはある程度成長してから日本にやって来る子どももたくさんいます。そういう子どもたちと出会うたびに、私が五歳のときにやっていたことをこの子たちも今、しているのだなと、強く感じます。

彼／彼女たちは、うまく日本語で表現ができないだけで、心の中ではいろいろな想いが渦巻いている。もともと住んでいた国や地域の言葉だったら、一五歳以上の精神性を持った内容を表現できるかもしれない。でも、日本の社会に放り込まれ、言葉がうまく通じないというだけで、まるで何もできない子にされてしまう。そういう子が、今の日本にもたくさんいます。

五歳のときの私のサバイバル。それをちょっとだけでもいいので連想しながら、身の周りを見渡してみてほしいです。現在進行形で、当時の私と同じような体験をしている方がいるかもしれません。言葉の問題を抱えながら、日本になんとか馴染もうとしている。そういう子がいたら、私の今日の話を思い出してください。

文字との出会い

私自身は、日本語ができなかった時期はとても短かった。ですが、今度は総入れ替えのような形で、中国語と台湾語を忘れていきました。五歳くらいまでは、台湾の子どもたちと口喧嘩できるほど、使いこなしていた言葉です。

それなのに、ほんの三、四年、日本語の獲得と反比例するように忘れていった。中国語や台湾語で言いたいことが、すぐにでてこない。日本語ができるようになるのと引き換えに、中国語や台湾語が後ろに追いやられたような状況になりました。

私と日本語の関係がより強固になったのは、ひらがなを覚えたころでした。当然、最初はみなさんと同じように、私も平仮名が読めませんでした。ところが小学校一生の時に、国語の授業で「あいうえお」という文字を教わった。そこから、私と日本語との関係が緊密になっていきます。

赤ん坊が最初に言葉を耳にするとき、その言葉は文字と結びついてはいない。世界に溢れている言葉は、音としてそのまま入ってくるわけです。その時期を過ぎると、社会で使われている言葉を身につけるために、文字の読み方を学びます。私の場合、上述した国語の授業がそれに当たります。もしくは、そのまま台湾で育っていたら、発音記号（注：ㄅㄆㄇㄈ《ボポモフォ》／注音記号）や繁体字といった、中国語で使う文字をまず勉強していたでしょう。

けれどそのころの私は、日本語、台湾語、中国語――複数の言葉がないまぜになっている時期でした。その時期に偶然、日本の小学校に通っていて、日本語の読み書きを本格的に始めたんです。

📖 言葉で世界を掴む感覚

最初に文字を覚えたときの衝撃は、今でも覚えています。それまでは口に出せば、音として消えてなくなってしまっていたものが、紙に書けばもう一度現れる。出来事や記憶も、そこに留めることができる。文字を習った私は、そのことにとても感動しました。

文字を覚えると、本の存在が急に身近に思えてくるようになりました。字が読めなかった頃は本を開いても、絵を頼ってそこそこ想像はできても、文字が表すことの意味は理解できなかった。それが、ひらがな・カタカナを覚えたことで、何が書いてあるのか理解できるようになった。小学一〜二年生の私は、そのことに興奮しました。

今でも私は、自分以外の人がどんな風にこの世界を見ているのか知りたくて、本を読むことが多い気がします。この時期の経験はその原点だったように思います。本をめくると世界が広がってくる。まるで本が手招きしているようにも感じられました。

時を経るにつれて、私はいつか自分でも本を書きたいと思うようになります。世界には本というものがあって、その中にはいろいろな出来事がつづられている。いま、私の頭の中にしかない世界でも文字にして書きつけ一冊にまとめれば、他の人に読んでもらえるのでは？　そのように考えたんですね。

小学三年生のとき、国語の授業の一環で冊子を作ったことがありました。その作業がすごく楽しかった。一番嬉しかったのは、表紙に自分の名前が書いてあることです。私はこの冊子の作者なんだ！と、胸がいっぱいになりました。

そのころは、作家という職業があるということをまだはっきりとは分かっていませんでした。けれど、なんとなく本を書く人になりたいという憧れはあった。それがそのまま、今の私に繋がっています。

記憶にある限り、多分一三歳のころには、将来の夢を聞かれると「作家」と答えていたと思います。ですが、作家として自分が書くべき題材と出会うまでには、時間がかかりました。

中国語を身につければ……

そんな私が、本当に書きたいテーマと出会うきっかけとなったのが、二三歳のころに出会った李《イ》良枝《ヤンジ》さんの『由熙《ユヒ》』という小説です。この作品がなぜ、私を支えることになったのか。それを説明するためにも、もう少し私の過去をお話しますね。

一三～一五歳のとき、私は日本語を書くことを楽しんでいました。正直、それが日本語だという意識もそのころには、あまり持っていませんでした。私にとって、日本語で話し、読み、書くことはあたり前のことになっていたからです。

けれど、初対面の人に名乗ると、「日本語が上手ですね」とよく言われました。事実、私は台湾人で、日本語が上手です。三歳で日本に来てから、日本人として生きてきました。なので、「日本語が上手」と言われると、ふと自分は外国人なのだと意識させられることがありました。

逆に、「日本語以外の言葉はできるの？」と聞かれることもありました。この質問には、少しどぎまぎします。なぜなら、いまは中国語や台湾語を忘れ始めていることを説明せざるを得ない。すると、「あれこの人、台湾人なのに日本語しかできないんだ」、「普通の台湾人のように中国語を話せないんだ」という目で見られることが多い。私としては、それがすこし辛かったです。

ちゃんと中国語ができるようになれば、「日本語のできる台湾人」として周りは私を認めてくれるはず。そんな気持ちになって、高校生になると、第二外国語として中国語を勉強するようになりました。中国語を身につけてしまえば、問題が解決すると思ったわけですね。

📖 言語とアイデンティティに揺れる日々

ところが、中国語をどれだけ勉強しても、周りは私をあまり認めてくれませんでした。日本人と一緒に中国語を勉強していると、その方たちは中国語ができなくても別に許されるし、上達すればするほど褒められる。でも私は、中国語ができたとしても、台湾人ならもっと出来なきゃダメだよという感じで見られてしまうんです。

そうなると、どれだけ頑張ってももう間に合わないなと感じてしまいました。すでに、一七～一九歳になっているからです。同じ時間の長さを台湾や中国で暮らし、中国語だけを使っている人と並ぶには、相当の努力に加え、語学的な才能がないと厳しい。事実、私と同じような境遇の人で、複数の言語が同じぐらいできるような、抜群の語学力を持つ方はいます。逆に、ルーツのある国の言葉が全然できないだけでなく、日本で育ったのにもかかわらず日本語もあまり上手くできないという人もいる。似たような境遇でも、その語学力がどれぐらいかで全然違ったりするんです。

私の場合、たまたま日本語だけは上手だった。けれど、中国語はなかなかできない。日本語しかできないせいで、台湾人なのに中国語ができないと思われてしまう。それなら、私はいったい何者なのだろう。

私は私。中国語があまりできない、日本語しかできない台湾人です。

それだけで終わる話のはずが、当時の私はなぜか周囲の目が気になって仕方がなかった。そのことがもっとも気になったのは、上海に留学したときでした。

二〇歳のとき、私は上海に留学しました。ですが、現地の中国の人たちと話すときが、もっとも辛かった。最初は日本からの留学生だと思われているので、みんな私の中国語をほめてくれます。でも、少しは謙遜しなきゃと思って、台湾出身であることを告白すると、「そのわりには下手だ」と言われてしまう。

とても不思議な話です。日本人だと思われているときは上手だと言われ、台湾人と分かれば下手だといわれる。どちらも同じ私で、同じことをしゃべっているのに。日本人か台湾人かというだけで、他人からの評価が変わってしまうんです。

そのせいで、自分はいったい何者なのか。わけが分からなくなってしまう時期がありました。そして、わけの分からない自分をなかなか認められませんでした。

気分がいいときは、「いや、いいんだ。このわけの分からなさが私の個性。中国語ができなくたって、文句を言うな」と、強気になれます。でも元気がないときは、こう思う。「しょせん私は日本語ができても、日本人だとは思われない。台湾に帰っても、外国人だと思われる。私の居場所なんか世界中のどこにもない」。

運命の一冊との出会い

そんな葛藤を抱いていた私ですが、二三歳のときに、たまたま、李良枝さんの『由熙』という作品に出会います。私が小説を書くきっかけにもなった本です。

李良枝さんは、在日コリアン二世です。済州島から日本に移住してきた両親のもと、日本で生まれ育ちました。『由熙』という小説には、彼女の自伝的な部分が多く含まれています。

日本で育った一人の韓国人女性が、自分は日本人なのか、韓国人なのか。あるいは、自分の言葉は日本語なのか、韓国語なのかということに迷う。李良枝さんは、そうしたテーマを一篇の小説にしたんですね。

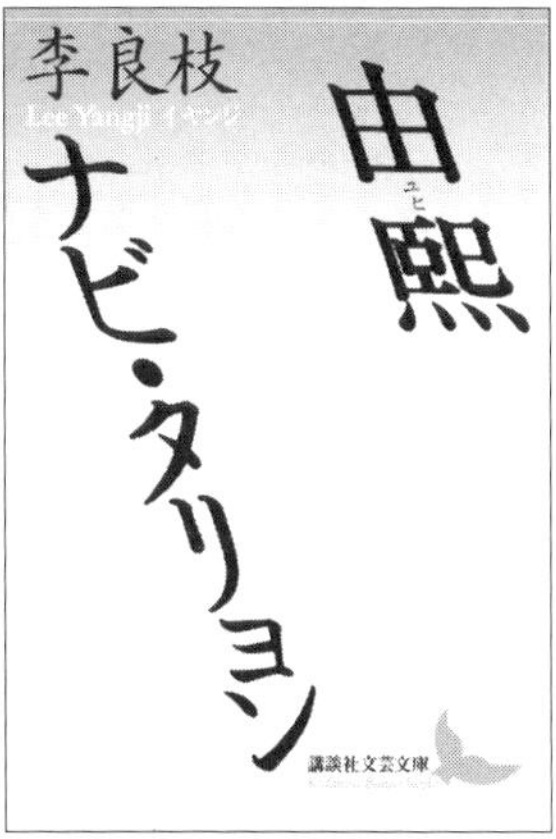

李良枝著、講談社

『由熙』というタイトルは、主人公の名前でもあります。韓国人の由熙は、日本で育った在日二世です。韓国語ができなければ、本物の韓国人になれない。けれど、日本語しかできない自分に彼女は苦悩する。

この小説を初めて読んだときは、本当に驚きました。私と同じような悩みを抱いて生きていた人がいる！と、心を揺さぶられたんです。当時の私は、『由熙』を数えきれないぐらい読み返していました。

私は冒頭で、本の中には、普通に過ごしているだけでは出会えない、人生のヒントが紛れていることがあるとお話ししました。そのことをお伝えしたのは、まさに『由熙』との出会いがあったからです。

自分は何人なのだろう。日本語しかできない私は、これ以上中国語をやるべきなのだろうか。こんなに苦痛を感じながら、中国語を学ぶことになんの意味があるのだろうか。そもそも、私を本物の日本人じゃないとか、本物の台湾人じゃないと言いたがる人たちに対して、どうして強気に「いや、これが私です」と言い返せないのだろうか。

そんな悩みを抱えていたときに、私は李良枝さんの作品と出会った。私は私でいい。この本を読んだことで、心からそう思えるようになりました。まさに、一冊の本が私を支えてくれたんです。

📖「ことばの杖」を掴む

李良枝さんは『由熙』で、「ことばの杖を掴めない」という表現を書いています。

由熙は自分のルーツである韓国に留学するのですが、毎日、日本語と韓国語の間でゆらぐんですね。彼女は朝起きたときに、「あー」という声を出します。その音が「あいうえお」というひらがなに繋がっていくのか。あるいは「아《ア》야《ヤ》어《オ》여《ヨ》」というハングルに繋がっていくのか。由熙は目覚めた瞬間、「ことばの杖」を掴めるのか試されると言います。ことばの杖とは、ひらがなとハングル、つまり日本語の杖と韓国語の杖です。由熙は朝起きてすぐ、今日はどちらの杖を掴むべきか悩むんですね。

「あー」という声は音でしかないのに、由熙はひらがなとハングルのどちらかを選ばなければならない。ただの音でしかない、ア、という自分のその声を、日本語で表すべきか韓国語かで表すべきか選ばなければと由熙は思い詰めます。由熙にとっては、どちらかを選ぶことは、どちらかを裏切らなければいけないことと等しかったのです。その耐えられなさの中で、由熙はどこへ向かっていくのか。そこが、この小説の中のクライマックスとなります。

私はいつの間にか、言葉に対して日本語／中国語という国境線を勝手に引いていた。この小説を読んで、そう気づかされました。

考えてみれば、アー、という音そのものは、初めから国境を跨がっている。ア、という音が日本語なのか、韓国語なのか。それとも中国語なのか。何語であろうと、ア、という音には、本来はなんの違いもありません。

📖 私は私でいい

赤ん坊がある言語圏に放り込まれ、成長するときに聞こえてくる音が何語なのか。赤ん坊には、決定権がありません。でも気がつくと、その言語で生きることが当たり前になってしまう。

私が中国語を話すと、台湾人だと下手、日本人だと上手いと言われます。それを判断する相手は、国境線を引いて判断しているんです。

「この人は日本の人だから、中国語ができればすごい」
「この人は中国語ができる台湾人なのだから、こんなレベルでは低い」

このように私はずっと判断されてきました。でも、こうした判断軸は私の実態や実存、真実を本当に示せているのでしょうか。必ずしもそうではない。自分自身をあるがままに受け入れるには、他人の尺度に対して、疑いをもつのが大事です。

私は李良枝さんの作品から、そう考えることができるようになりました。だから、私は李良枝さんに救われたと感じています。

李良枝さんは、コリアンの問題として『由熙』という作品を書きました。それなら私は、台湾・台湾語、中国・中国語そして日本・日本語の三者の関係を、私自身の物語で書こう。そう決意しました。李良枝さんの作品がきっかけとなって、書いてみたい小説のイメージが具体的に生まれました。

最初に述べた通り、私はあまりたくさんの本は読んでいません。語学音痴で、日本語以外はすごく下手くそです。でも、「そんな私でいい」と思える。そう思わせてくれる本との出会いがあった。そのおかげで自分も、「私は私でいいんだよ」というお話を書き続けることができています。

李良枝著、
温又柔編・解説、白水社

質疑応答

Q1　今、中国語のことをどのように思っていますか？

温　一時期の私は、自分はもっと中国語ができなくてはならないと思っていました。自分は台湾人なんだから、中国語が下手なんておかしいと。その頃は中国語に対して非常に複雑な気持ちがありました。でも今は、下手だとかネイティブぽくないと言われても、私の言葉としてとても愛しく感じています。

Q2　母が台湾にルーツをもっています。小中高の一二年間、台湾系のインターナショナルスクールで過ごしました。母語と母国語は違うと思うのですが、温さんにとって母語はなんでしょうか？

温　私は母語を、お母さんの舌を通して聞こえる言葉と定義しています。だから、私の母語は、台湾語と中国語と日本語が混ざった状態のものになる。赤ちゃんのときに注ぎ込まれていた言葉……。それが私の母語です。

一方で、母国語は、「国語」として勉強した日本語と「國語《グオユィ》」として勉強するかもしれなかった中国語ですね。両方を自分の母国語だと思っています。片方の母国語は上手に使いこなせますが、もう片方の母国語は努力目標だと思っています(笑)。そこは使いわけて、人に言うことが多いです。

Q3　講義の中で、一冊の本を繰り返し読んだということを話されていました。その繰り返し読む部分というのは、ワンフレーズのこともあれば、シーンのようなまとまりとして繰り返し読むということもあるのでしょうか？

温　どちらもです。お話ししたように、由熙が言葉の杖を摑むシーンを読みたくて、その三行だけを読むときもあります。あるいは、そこに至るまでの場面をもう一度読み直すこともよくあります。

Q4　私は去年、台湾から日本に来ました。日本語や英語といった外国語を勉強する際に、言語のロジックや文化に影響されて、自分の一部が外国人になったという感覚になることがあります。温さんはそのように感じたことがありますか？

温　私の話が参考になるかはわかりませんが……。小さいころ、母親に口答えする際に台湾語がふいに出ることがありました。台湾語で口答えする時は、台湾人になったというよりはとっても幼くて、まさにイヤイヤ期だった頃の自分に戻ったような気がします。

逆に、自分で中国語を勉強するようになってからは、台湾の親戚の前で中国語を喋る時に、以前の私と違って、新しい自分を晒すような感じがありました。だから私の場合は、何人になるというよりは、言語を習得し、その言語を使う文脈が開拓されるにつれて、未知の自分が姿を表す感覚なら抱いたことがあります。

Q5　作家になったきっかけはなんでしたか？　また、作家になってから諦めたいと思ったときはありますか？

温　作家になったきっかけは、自分なりの『由熙』を書きたいという気持ちからです。そこで書いた作品が、「好去好来歌」です。『すばる』の編集者に見てもらって、活字となって、第三三回すばる文学賞の佳作となりました。私の作家として第一歩ですね。

作家になってから諦めたいと思ったことは、ほとんどありません。作家になる、ならない以前に、本を書く人でありたいと思っていました。作家という肩書というよりは、小説を書いていられる環境にずっといたい。作家であること諦めるといった感覚はないですね。

ただ、一度だけ「やめようかな」と思ったことがあります。かつて私は、Twitterをやっていたのですが、時々、「台湾人のくせに反日的なことばかり言うな」とか「そんなに日本が気に入らなきゃ出て行けばいいじゃん」というリプライが来ることが。それには慣れっこだったのですが、ある時、「小説が評価されないのはお前の作品がつまらないからだ。日本人から差別されたと騒ぐな」と言ってきた人がいて……私の発言の、一体、どこを切り取ったらそんなふうに思われるのだろうとものすごくショックを受けました。こんな環境で小説を書かなければならないなんてしんどいなあ。辛いよ。作家なんかやめちゃおうかな、と、ほんの一瞬だけですが、そう思ったことがあります。ただ、やめてしまうと、そういう人たちの思う壺です。だから、結局やめていません。

楽しく小説を書いていることが、そうした言葉を投げかけてくる人たちへの復讐の一環なのではないかと思っています（笑）。

Q6　台湾に対してどのような気持ちを持っているのでしょうか？

温　台湾は、私のもう一つの母国です。外国に近い存在ではあるのですが、外国とも言い切れない。日本に対して思う感情も近いです。すごく縁が深いけれど、同時に少し距離もある国。そのように感じています。

Q7　運命の一冊や人生の一冊と出会うコツのようなものがあれば教えていただけないでしょうか？

温　人生の一冊が、目の前の棚の中にあるかもしれない。そう思って探すことでしょうか。本の中には、普段の生活では出会えない世界や人々が絶対にいます。たとえば思想や哲学であったり、人生を生きる上で支えになったりする言葉。そういったものは、まずは本を手に取らなければ見つけられません。

もちろん、本の外の世界も大事です。本ばかりに偏るのは、おすすめしません。けれど、外にある現実の世界を尊重できるようになるためにも、本を読んだ方がいいのです。そこに書かれていることが、自分をより豊かにしてくれる。本は、そういうチャンスを私たちに与えてくれます。そんな想いを胸に、学生さんには、本屋さんや図書館に出かけて行ってほしいと、私は思っています。

Q8　台湾語を大人になってから勉強し直すことはありましたか？

温　私が大学生のころまでは、台湾語の教材を手に入れることはとても難しかったです。中国語は、学校で勉強する機会や語学のテキストがたくさんあったけれど、台湾語はそうではなかった。だから当時は、台湾語を勉強しようという感覚はあまりなかったです。

でも、自分の母語は中国語と台湾語と日本語が混ざったものだ。そうと思うようになってからは、母語の一部である台湾語も学んでみたいと考えるようになりました。台湾語を教えている人や台湾語ネイティブの人から、何度か教えてもらったことはあります。

Q9　創作の楽しさはなんでしょうか？

温　もし自分が別の人生を過ごしていたら、どんなふうに世界を味わっていただろう。この空想が私にとって、創作が楽しいと思うモチベーションンの一つです。もし五歳のときに、台湾に戻っていたら。もし日本の高校に行かず、台湾に戻って帰国子女となっていたら。自分が歩んだかもしれない人生を一つの物語の中で想像することが、私にとって創作における一番のおもしろさです。

Q10　私は四〇歳を過ぎてから、北京に留学しました。温さんとは逆に、「中国語が上手いね」と言われていい気になってしまいましたが、それはあくまでも「日本人にしてはうまいね」という意味だった。だから、国境線という判断軸を面白いと思いました。中国語の勉強を再開したくなりました。

温　ほめられることは、素晴らしいことです。新しい言語を学ぶことで自分の世界が広がっていくのは、楽しいことですし、そのこと自体はとっても素敵なことだと私は思います。

「日本語がお上手ですね」と私に言ってきた人はみんな日本人でした。同じように、「中国語が上手いね」と外国人を褒めるのも、大半は中国語ネイティブの方だと思います。私が言いたかったのは、私自身は日本語の中でずっと生きているのに、日本人から「日本語が上手ですね」と言われると、日本語はあなたのものではないのにね、というニュアンスをとっさに感じてしまうので寂しいな、ということ。だから、この場合は、「いい気になって」もいいと思いますよ（笑）。

参考文献・読書案内

温又柔『祝宴』新潮社、二〇二二年
温又柔『私のものではない国で』中央公論新社、二〇二三年
温又柔『来福の家』白水社、二〇一六年

＊

李良枝『由熙　ナビ・タリョン』講談社、一九九七年
李良枝『ことばの杖　李良枝エッセイ集』新泉社、二〇二二年
李良枝『李良枝セレクション』温又柔編・解説、白水社、二〇二二年

かくこと・つくることがもつ力

2022年12月14日、創価大学図書館

講師　小林エリカ

こばやし・えりか＝作家・マンガ家。著書に『トリニティ、トリニティ、トリニティ』、『マダム・キュリーと朝食を』、『親愛なるキティーたちへ』、『光の子ども　1〜3』、『最後の挨拶 His Last Bow』、絵本『わたしは　しなない　おんなのこ』など。一九七八年生まれ。

📖 ジャンルを超えた創作活動

私は普段、作家やマンガ家、アーティストとして活動しています。文章を書いたり、絵を描いたり、テキストや映像などを融合させたインスタレーションをつくり美術館などで発表することが主な仕事です。表現方法はどれも違いますが、私の創作テーマは記憶や過去、歴史、時間、そして「放射能」です。基本的には、「目に視えないもの」になります。特に「放射能」と名づけられたものの歴史についていては、二〇年近くも考え続けています。

たとえば、二〇一三年から刊行し、今も描き続けているコミック『光の子ども』シリーズでは、人類と「放射能」が歩んできた歴史を二〇一一年生まれの「光」という少年と、猫のエルヴィンとともに辿っています。女性科学者マリ・キュリーによって名付けられた「放射能」は、実は発見から現在まで、一二〇年ほどしか経っていない。その間に、「放射能」をめぐる歴史がどのように進んできたのか。そのような選択を経て、私たちが生きる今があるのかを描きたいと思っています。

みなさんからすると、なぜ私は、「放射能」や視えないものにこんなにも興味を持ち続け、ジャンルを超えた創作をしているのか、不思議に思えるかもしれません。そこで本日は、作品制作の経緯やきっかけをお話ししながら、私が「目に視えないもの」をテーマにしている理由をお話ししたいと思います。

小林エリカ著、講談社

小林エリカ著、リトルモア

ユダヤ人の少女アンネと大日本帝国の少年だった父

私が最初に書いた長い小説作品は、二〇一一年に刊行された『親愛なるキティーたちへ』です。私の父の日記と、アンネ・フランクの日記をモチーフにしたノンフィクションに近い小説です。代々医者の家系に生まれ、自身も医者となった父は、後に医者をやめコナン・ドイル『シャーロック・ホームズ』シリーズの研究家になり、翻訳をてがけることになりました。ちなみに祖父はレントゲン医で、父は精神科医、どちらも「目に視えないもの」を専門にしていたことは奇遇です。ホームズ研究家としての父のことは、小説『最後の挨拶　His Last Bow』に書きました。

私が『アンネの日記』を初めて読んだのは、一〇歳のときです。初めて夢中になって読んだ本でした。知っている方も多いと思いますが、第二次世界大戦時、ユダヤ系のドイツ人少女アンネ・フランクがナチ・ドイツに追われ、アムステルダムの《隠れ家》で一三歳から一五歳の二年の間に書き綴った日記です。

彼女は強制収容所に送られ亡くなってしまうのですが、日記は読み継がれ、日本語にも訳されました。それが一〇歳だった私の本棚にも届いたんですね。その中に、こんな一説があります。

「わたしの望みは、死んでからもなお生きつづけること!」
「書くことによって、新たにすべてを把握しなおすことができる」

ここを読んだとき、書くことはそんな力を持っているんだ!と、私は衝撃を受けました。そのころの私は、死んでしまえば自分が生きたことも消えてしまうのではないかと思っていて、それがすごく怖かった。でも作家になれば、死んだ後も言葉を残すことができる。そう思った一〇歳の私は、将来は作家かジャーナリストになりたいと夢見るようになりました。「作家かジャーナリストになりたい」というアンネの言葉に、憧れたからです。

父の日記との出会い

でも、どうすれば作家やジャーナリストになれるか分からず、大学院まで勉強を続けました。時が流れて三〇歳を過ぎたころ、八〇歳になる父の誕生日を祝うため、実家に帰りました。そこでたまたま、父の日記帖を見つけた。なんとなく最初のページを開いてみると、こんな言葉が書かれていました。

又一日、命が延びた。

その日記は一六歳から一七歳の父が、第二次世界大戦中の一九四五年から敗戦後までの日々を綴ったものでした。日記を読むうちに、一九二九年生まれの父がアンネと同じ年の生まれだということに、気がつきました。とても驚きました。私にとって、アンネ・フランクは永遠の一三歳の少女です。けれど、もし彼女が生きていたら、八〇歳のおばあさんだったかもしれない。八〇歳の父を前にして、その可能性に思い至りました。

私から見た父は常に大人で、なんの迷いもない年上の男の人でした。日記に書かれているような、悩みながら青春を過ごし、空襲に怯えたり、ドイツ語を勉強しながら学徒動員で飛行機を作ったり、敗戦の日に涙した軍国少年だったことを私はまったく知らなかった。

同い年だったアンネと父。ひとりはユダヤ人の少女で、もうひとりはナチと同盟国だった大日本帝国の少年です。そして、そのどちらもが私にとって大切な人なのです。

アンネの生を遡って

衝撃を受けた私は、二つの日記を持って、旅に出ることにしました。『アンネの日記』と「父の日記」を手に、同じ日付の一日一日をそれぞれ読みながら、アンネ・フランクが亡くなった場所から生まれた場所まで遡る旅です。そうして、私自身も日記をつけました。

最初に訪れたのは、アンネが亡くなったベルゲン・ベンゼン強制収容所です。そこからアンネの生を逆走するように、アウシュヴィッツ強制収容所、ヴェステルボルク通過収容所に向かい、彼女が日記を書いていたアムステルダムの《隠れ家》、生まれたドイツのフランクフルト・アム・マインに辿り着きました。

アンネが亡くなったのは、一九四五年の三月末頃だといわれています。そのころのドイツは混乱の最中にあり、彼女が亡くなった正確な日付は残っていません。彼女の生を遡るように、ひとつひとつの場所を旅するうちに、私はあることを考えるようになりました。

まず、ベルゲン・ベンゼン強制収容所の跡地で、アンネと姉マルゴットの墓を見たとき。お墓はありますが、ただのモニュメントで、そこに彼女たちの骨はありません。その石を見ながら、ふと気がつきました。あと一ヶ月でも早く強制収容所が解放されていたなら、アンネは助かっていたのではないか。

アウシュヴィッツに行ったときも、同じです。そこが一週間でも早く解放されていたなら、アンネがベルゲン・ベンゼンに送られることもなかったのではないか。アムステルダムに着いたときは、こう思いました。あと数日

アンネフランク著、
深町眞理子訳、文藝春秋

でも密告が遅ければ、アンネたちは隠れ家から捕らえられることはなかったのではないか。彼女は、ユダヤ人を強制収容所に送った最後の列車に乗せられていました。

そうして最後、フランクフルトの町に着いたときに思い至ったんです。誰もナチ・ドイツに投票しなかったとしたら、アンネが死ぬこともなかったのではないか。過去の誰かが、ナチ・ドイツに投票したという選択。それが何年後かに、ひとりの少女を含む多くの人間の命を奪った。それをすごく実感しました。

今を生きている私たちも、日々選択をしていますよね。私たちの選択がこれから先、誰かを生かしもするし、殺すことにもなるかもしれないんです。

なお、この旅をもとに書き記したのが、『親愛なるキティーたちへ』です。各地で短い時間でドローイングも行っていて、それらは後にインスタレーションになりました。

父の日記とキュリー夫人

そうこうしながら父の日記を読んでいた私はふと、父は一七歳の誕生日にいったい何をしていたのか気になりました。戦後すぐの一九四六年三月二一日のページには、こう書いてありました。

木曜日　雪　寒　誕生日　朝粉挽並びに薪割り。午後市川来る。『キュリー夫人伝』を読了。科学を愛する崇高なる精神に打たる。夜餅。

敗戦から半年ほどしか経っていない、食うにも困る状況の中で、なぜ父は『キュリー夫人伝』を読み、科学を愛する崇高な精神に打たれているのか。不思議に感じて調べてみると、日本で戦後初めて公開された映画がアメリカのハリウッドで制作された『キュリー夫人』だったそうです。その映画の影響で、本も流行していたのでしょう。

先ほど少しだけ紹介しましたが、「放射能」の名づけ親であり、放射性物質ラジウムを目に見える形で初めて取り出した人物が、マリ・キュリーです。その功績から、ノーベル賞を二回受賞しています。今振り返ってみると、戦後、最初に公開されたアメリカ映画『キュリー夫人』だったのは、皮肉なことかもしれませんね。マリ・キュリーはそもそもポーランド人ですし、結婚後はフランス人だったわけですから。

マリ・キュリーという人物が気になり始めたのは、このときからです。

📖「実験ノート」に残る指紋

時は流れて二〇〇七年ごろ、私はアジアン・カルチュラル・カウンシルの招聘をうけ、アーティストとして、アメリカ・ニューヨークに半年間住んでいました。『ニューヨーク・タイムズ』を読んでいたとき、キュリー夫人の次女、エーヴ・キュリーさんが一〇二歳で亡くなったという記事を、偶然見つけたんですね。なんと彼女は、私が毎日クイーンズからの電車の乗り換えで通りがかっていたアッパー・イースト・サイドに住んでいた。そもそも、伝記に書かれているような人物の娘さんが生きていていることにも、一〇二歳まで生きていたことにも、近所に住んでいたことにも、びっくりしました。

みなさんも子どものころ、キュリー夫人の伝記や漫画を読んだことがあるかもしれません。私も読みました。その元になった本は、エーヴさんが書いた伝記……娘による母の伝記だったのです。そのことを知った私は、マリ・キュリーにいっそう興味が湧きました。

そこでエーヴさんが書いた『キュリー夫人伝』を読んでみると、実におもしろい。スグリのゼリーの作り方や、娘の歯が抜けたといった日常の記述とともに、「ラジウムが莫大な放射能を持っている可能性がある」といったことを、キュリー夫人はノートに記していたというのです。

私は、キュリー夫人の「ノート」を実際に見てみたいと思いました。調べてみると、なんと日本の明星大学図書館の貴重書コレクションに、彼女の「実験ノート」が一冊所蔵されていると分かったんです。

東京へ戻っていた私は、早速それを見に行きました。見た目は、布張りの普通の可愛らしいノートです。しかし、放射線測定器をかざすと、いまだに表紙のところは線量が高い。ラジウムやポロニウムを素手で扱った夫人の指紋の部分だけは、放射能が強く残っているそうです。

マリ・キュリーは、一九三四年に亡くなりました。それから何十年も経っているのに、彼女の指紋だけが残っている。彼女が発見した放射性物質ラジウム２２６は、半減期が一六二二年といわれています。つまり彼女の指紋は、三五〇〇年頃の未来までノートの上に残る。もしかしたら、マリ・

キュリーの名前さえ残っていないかもしれない未来で、彼女の指紋や痕跡だけは残るということに、私は恐ろしさを感じつつも、たいへん魅了されました。

その後、二〇一一年に東日本大震災と、東京電力福島第一原子力発電所の事故が起きました。「放射能」と呼ばれるものが突如、身近なものになったのです。たくさんの議論がなされました。「放射能」は身体に害があるかないか、原子力発電に賛成か反対か、という議論は、もちろん重要です。けれど、私はいい／悪いという二元論や目先のことだけでなく、もっとこの先のことや、これまでのことが知りたかった。

一〇〇年ちょっと前に発見された「放射能」は、いったいどんな人たちの手や選択を経て、今の私たちのところへやってきたのか。一〇〇年の道筋を辿ってゆくことで、一〇〇年後の未来のことも考えられるようになるのではないか。私自身もそれを知りたくて描き始めたのが、『光の子ども』シリーズになります。

「放射能」が歩んだ歴史

そもそもキュリー夫人によって名づけられた「放射能」というものが、どのような歴史を歩んできたのか。今から、私なりの視点で簡単にお話しします。

キュリー夫人は、現在のチェコ、ヤーヒモフ（ヨアヒムスタール）の小さな町から運んだ合計11トンもの鉱石の中から、0・1ミリグラムの放射性物質ラジウムを取り出しました。その小さな町は一六世紀、銀の採掘で栄えていた。その土地で鋳造された銀貨は、「ヨアヒムスターラー」と呼ばれていました。なお、「ヨアヒムスターラー」の略称「ターラー」は、アメリカ大陸に渡り「ドル」の語源になったといわれています。

さて、かつては銀貨の鋳造で栄えていた村ですが、やがて銀も出なくなる。ドイツからやって来た鉱夫たちが銀を掘るのですが、銀のかわりに黒い石ばかりが出てくるようになります。少しのお金にもならない黒い石、加えて鉱夫たちのあいだに奇妙な病が蔓延したので、彼らはその石を、「ピッチブレンド（黒い／不幸の石）」と呼んでいたそうです。

しかし一八世紀になると、そのピッチブレンドにウランが含まれているということが発見されました。ガラスにウランを混ぜたウランガラスは、紫外線の光で美しく発光します。ボヘミア地方はガラス製品を作るのが得意な地域でもあったので、ウランガラスが大量に作られ、ヨーロッパ中の貴族の流行となりました。

そんな中、ウランを取り出した後、山に捨てられていたピッチブレンドの滓に、さらに強い放射能を持つ未知の物質が含まれているのではないかと考えた人がいます。その人物が、マリ・キュリーです。

この予測を実証すべく、彼女と夫のピエール・キュリーは鉱石をパリまで運び、そこからラジウムを取り出した。世界で初めて、放射性物質ラジウムという新元素を目に見え、手に触れられる形にしてみせたのです。偉業を成し遂げた彼女は、ラジウムの燐光を「妖精の光」と呼び、枕元に置いて眠ったといわれています。

私の作品の話をすると、インスタレーション「Trinity（トリニティ）」の中で、実際にウランガラスをもちいてドルマークを象った作品を創りました。ウランガラスは紫外線の光をあてると、本当に美しい蛍光グリーンに光ります。

📖 ベルリン・オリンピックのエンブレム

私はより詳しくピッチブレンド、「不幸の石」と呼ばれた鉱石のことを知りたくて、ヤーヒモフに行きました。ヤーヒモフはプラハからバスとタクシーで二時間ほどの小さな町で、町の中央には「銀の道」と呼ばれる通りがあります。その通りを歩いていたとき、脇に立ち並ぶ家の壁に、私はたまたまオリンピックのエンブレムマークが掲げられているのを見つけました。

エンブレムの下に刻まれていた数字は、一九三六年。

なぜこんなところに？　不思議に思い調べてみると、それは一九三六年、ナチ・ドイツによるベルリン・オリンピックのときのものでした。

ヤーヒモフは、所謂ズデーデン地方というドイツ系住民も多く暮らす地域でした。ウラン鉱石を掘っていた鉱夫たちの多くは、ドイツ系住民だった。つまり、壁にオリンピック・エンブレムを掲げたのは、ドイツ系の住民だったのではないか。戦後、ドイツ系住民は町を追い出されたので現在はほとんどいませんが、エンブレムだけはそこに残ったのではないかと思いました。

また、オリンピックの聖火リレーは、ベルリン大会で初めて行われました。もちろん、人々は聖火リレーがやってくることを待ち望んだでしょうが、聖火は別の町を通過してドイツ、ベルリンへ向かった。オリンピックの後、ナチ・ドイツは聖火リレーのルートを遡るように、近隣諸国を侵攻していったといわれています。聖火リレーのトーチを制作した、クルップ社が作った戦車に乗って。

ベルリン・オリンピックの次、つまり一九四〇年に行われる予定だったオリンピックは、東京が開催予定地でした。一九三六年の『時事新報』には、ナチ・ドイツのハーケンクロイツ旗と日本国旗、オリンピック旗の三つを少女たちが掲げている写真付きの記事が掲載されています。日本は、次期オリンピックの開催地として、大いに盛り上がっていたのです。

小林エリカ《わたしのトーチ》
2019年 Cプリント 54.9 × 36.7cm
(各、47点組)
作家蔵©Erika Kobayashi Courtesy of Yutaka Kikutake Gallery
撮影:野川かさね

しかし日中戦争がひどくなり、太平洋戦争も開戦間近の一九四〇年、日本は開催権を返上。ご存じの通り、オリンピックが開催されることはありませんでした。

二〇一九年に国立新美術館で行った「話しているのは誰? 現代美術に潜む文学」展では、オリンピックの歴史と、「放射能」や核の歴史を絡めたインスタレーション「彼女たちは待っていた」を私は発表しました。展示作品の一つに、「わたしのトーチ」という作品があります。私自身の指に火をつけて撮影した、四七枚組の写真です。合成ではなく、実際に私の指に火をつけました。アメリカの核開発「マンハッタン計画」に携わった、ファインマンの伝記『ご冗談でしょう、ファインマンさん』に書かれていた、気化熱を利用した科学実験をもとに、自分でもやってみたものです。

ウランを乗せたUボートの行方

歴史の話に戻ります。一九三八年にベルリンのカイザー・ヴィルヘルム研究所で核分裂が発見され、世界中の科学者たちにそのことが共有されます。核分裂のエネルギーを使えば強力な爆弾が――つまり、原子爆弾が作れるかもしれないということです。ナチ・ドイツの元でそれが発見されたということは、彼らもまた、原子爆弾を作ろうとしていたのです。

日本でも、陸軍と理化学研究所が共同で「ニ号研究」と呼ばれる極秘の研究開発を進め、核爆弾を作ろうとしました。敗戦から一年ほど前のことです。しかし、原子爆弾を作るためには、「ウラン235」という、地球上にごく微量しか存在しないレアな物質が約一〇キログラムも必要です。その物質をなかなか手に入れられず困った日本は、同盟国であるナチ・ドイツに助けを求めました。そうして立ち上がったのが、ヤーヒモフから運び出したウランをUボートに乗せて日本まで運ぶ計画です。

Uボートは実際にウランを積んでキールの港から出航し、大西洋を進んでいきました。しかし大西洋の真ん中辺りまで進んだところで、ナチ・ドイツは降伏。Uボートには日本の軍人二人も乗っていましたが、ドイツが降伏を決めた際に服毒自殺し、海に葬られたそうです。結局、日本にウランは届かず、日本で原子爆弾が完成することもありませんでした。

ウランを積んだUボートは、アメリカに投降します。マンハッタン計画の中心を担った科学者オッペンハイマーが、ポーツマスに着いたUボートの積荷を調べたという記述も残されている。しかし、積まれていたウランがどこへ行ったのかは、今なお分かっていません。

そこから二ヶ月余り後、広島に原子爆弾が落とされます。それがウラン型だったので、Uボートの積み荷が使われたのではないかという指摘もあります。しかしアメリカは莫大なお金があったので、既に大量のウランを手に入れていた。積荷のウランなど使うまでもなかったという説が、今は有力です。

聖火リレーの聖火は届かなかった日本ですが、皮肉なことに原爆の火は届き、敗戦を迎えることになりました。そして戦後、今度は原子力発電所の建設――平和利用という形で、原子力との付き合いが始まりました。

📖 個人の小さな歴史をめぐって

駆け足になりましたが、今までお話ししてきたような形で私は創作活動を行っています。特にここ二〇年くらいは、「放射能」の歴史をリサーチしながら、自分の家族にまつわる記憶や日記をテーマにしています。大きな歴史ではなく、今なぜ私はここにいるのか、なぜこの社会で生きているのか知りたくて、作品を作り続けています。

先ほどお話しした国立新美術館での展示「彼女たちは待っていた」は、『トリニティ、トリニティ、トリニティ』という小説と対になるようなものでもあります。オリンピックの聖火と核、原子力が主題の小説で、去年、英語訳とフランス語訳にもなりました。海外の方に作品を読んでもらう機会をいただけたのは、本当にありがたいです。もし興味があれば、みなさんにもぜひ展示を見たり、本を読んでいただければ嬉しく思います。

小林エリカ著、集英社

質疑応答

Q1　創作活動を続ける上で、大切にしていることはなんですか。漫画・小説・絵本など、創作する物によって、その意識は異なりますか。

小林　小説やマンガ、絵本を書いて、展覧会も行う。そういうことをしていると、若いころは特に「本当は何をしたいの?」って聞かれることが多かったです。当時はその度に、作家だけをしたほうがいいかもしれない。アーティストだけに絞った方が、一生懸命に見えるのかもしれないと悩みました。

そういう状況の中で、自分にとって創作の根源にあるものは何かを考え続け、アンネ・フランクだと気がついたんです。彼女はおそらく「文豪」と呼ばれることはないでしょう。

でも、私にとってはアンネこそが文学だし、創作活動の原点にはアンネがいる。彼女は日記の他にも、いくつも童話を書いていました。また、隠れ家をポストカードや自分で描いた絵で飾り付けたりもしているんですね。

心に忠実に従い、既成概念に囚われることなく創作する態度。

それが私にとっては大切なのだと、気づいたんです。これまで作り上げられてきた「ジャンル」という枠に捉われず、もっと真摯に自由に自分の気持ちを表現していい。

創作する際に一番大切なのは、自分の心に誠実になるということです。

アンネの足跡を辿る旅でアウシュヴィッツ強制収容所を訪れたとき、季節は春でした。虐殺が起きた場所だから、背筋を正して真剣に向き合わねば。そう思う一方で、そこで私はお腹が減ってしまったんですね。そんな場所で、お腹がすいたなんて書くのは不謹慎かもしれない。でも、自分にとって正直な気持ちならば包み隠さず、正直に記す。誠実に書くという態度は、私が一番大切にしていることです。

「放射能」について描くときも、まずは科学的・歴史的に正確に書くことを心がけています。でも、良い/悪いの概念だけでは割り切れないこともたくさんある。たとえば、美しいグリーンに発光しているウランガラスを見たときに、綺麗だと惹かれてしまう気持ち。そういうことは、隠さずに書いていきたいと思っています。

Q2　作品のアイデアは、どんなときに思いつきますか。また、発想が枯渇したときは、どのように対処されていますか。

小林　実は私、発想が枯渇した状態になったことがないんです。むしろ、あれもこれもやりたいっていうパターンが多くて。同時に、自分が「創作している」という気持ちにもあんまりなったことがないですね。

私は何かの作品を創るとき、事前調査を何度も行うタイプです。資料を集めたり、実際に現地に足を運んでから創り始める。だから、「そこにあるものを写し取っている」という感覚です。自分の気持ちやアイデアには、ほとんど関心がないかもしれません。

そこで実際に起きたこと。過去にあったかもしれないこと。調べていくと、それぞれの出来事に繋がりが見えてきたり、過去に生きていた人たちの気配を知る機会があったりする。その声に出会ってしまうと、作品にしなければという思いに駆られます。

別に私が書く必要はないと思ったりもしますが、誰も書かないなら私が書くしかない。それこそ「放射能」の歴史などは、誰かが書いてくれるのではないかと、ずっと待っていました。でも、発見から今に至るまでの変遷や、どういう人たちがどういう風に選択を繰り返してきたのか。そういうことを書いたものが見当たらないので、それなら私が書くしかないという気持ちで、創作を続けています。

Q3　作品を描いていて、「描くのをやめてしまいたい」

と思ったことはありますか。また、どのようにしてその気持ちを乗り越えたのかもお聞きしたいです。

小林　基本的に怠け者なので、途中でやめたくなることは多々あります。でも、さっき言ったみたいな「書かなくちゃ！」という勝手な信念があるので、実際にはやめられません。「死んでからもなお生きつづけること！」というアンネの言葉が、少なからず影響しているのかもしれません。

子どものころは、死んだ後も自分が生きていたという痕跡を残したいという想いが強かった。けれどここ数年は、自分のことを残したいというより、この時代をともに生きていた人のことや、かつて生きていたけれど、書き記されなかった人たちのことを私は書き残したいと考えています。

とはいえ、人生の大切なことすべてを書き残せるわけではない。どれだけたくさんの表現方法があっても、消えてしまうことの方が多いと思うんです。けれど、そうやって消えてしまった瞬間も、残されている出来事と同じくらい大切だったはずです。

誰かの消えてしまったかもしれない大切な時間や瞬間を私が少しでも書き残せるなら、頑張らないと。そういう気持ちが、私をかき立てています。だから、本気でやめようと思ったことはありません。

Q4　読書中、内容が頭に入ってこなかったり、ページが進まないことがあります。このようなときは、どうすればいいと思いますか。

小林　その気持ち、よく分かります。ぼんやりしたり、考えごとをしていて、何度も同じページを読んでいたり……。それって、その本の面白さとは関係がないんですよね。もしかしたら本当に、読んでいるものがつまらない可能性もあるけれど、多くの場合は自分のコンディションに関係している気がします。

これは私の考えですが、そういうことも含めて「読書」ではないでしょうか。昔、さらっと流し読みした一文を何年か後に思い出したり、ある日、無性に心に響いて泣いてしまうことがあったりします。無理して今読まなくても、十年後にふと手に取ることもあるかもしれません。

本と出会う機会は、実は何回もあります。一度手放した本と、違う場面で突然再会することもある。私の場合、『アンネの日記』は何度も読み返しているけれど、一〇代のころと今では見え方がまったく違います。今の私は、アンネの母に近い年齢です。読む視点が異なるので、違う本を読んでいるように感じます。その本に出会ったり、触れた瞬間を忘れなければ、それでいいと私は思います。

Q5　小林さんの読書法、読書観を教えて頂けると嬉しいです。日々どのように読書をしているのでしょうか。

小林　私は好きなものに対して執着が強いので、好きなものが限られているし、同じ本を何度も読んだりします。たとえばヴィスワヴァ・シンボルスカ『終わりと始まり』は繰り返し読んでいる、大事な本です。

でも、新しい本を読むのも好きなので、人からお薦めされた本は必ず手に取るようにしています。もちろん、前情報なく本屋さんに行って、面白そうだと手に取る本もあります。直感でしかないけれど、とりあえず買って手元に置いておく。積読になることも多いですが、それもまたよくて、何年後かに手に取るかもしれませんから。図書館で探すのもいいですよ。自分の好きな図書館を見つけて、そこの司書さんのレコメンドに従うのも間違いないと思います。

あとは、私は海外の翻訳ものが好きなこともあって、翻訳者さんで本を選ぶことも多いです。好きな翻訳者さんが訳している本は、可能な限り手に取るようにしています。作者は知らないけれど、この翻訳者さんが訳しているなら面白いはず。そういう風に、翻訳者さんを頼りに、新しい作家に辿り着くこともありますね。

Q6　最も心に刻まれた本ベスト3を教えてください。

小林　本音を言えば、三冊に絞ることはできません。でも、そうですね……一冊目は、コナン・ドイルの記した『シャーロック・ホームズ』シリーズです。私の両親はホームズの翻訳家で、聖典と呼ばれている六〇巻をすべて翻訳しています。だから私にとってホームズは、同居人のように感じるくらい身近な存在だったので、今も大切にしています。

最近の本でいうと、ジュリー・オオツカ『屋根裏の仏さま』と、キム・スム『ひとり』がすごくよかったです。調査を入念に行って、作品を書くタイプの作家さんの作品です。

前者のジュリーさんは日系アメリカ人です。第二次世界大戦中、自身のご家族が日系人キャンプに収容されていたことを、リサーチをもとにフィクションとして、立ち上げていく。後者のキム・スムさんは、旧日本軍従軍慰安婦の実際の証言を引用しながら、フィクションとして描く手法を取っています。二冊とも非常に力強い作品なので、ぜひ読んでいただきたいです。

Q7　活字離れや読書離れが著しいと言われる中で、小林さんが思う活字や読書の重要性をお伺いしたいです。

小林　今の時代って、映画もYouTubeも音楽もたくさんある。どれもかけがえなく素晴らしいと思いますし、正直読書にこだわらなくてもいいのでは?と考えることもあります。ただ、私の原点には『アンネの日記』がある。やっぱり本が好きなんですよね。本を読むことだけでしか味わえない何か。それを求めているのかもしれません。

本は情報が文字だけなので読むのに体力がいるし、想像力も求められる。映像を観るよりも手間もかかるけれど、だからこそ、本からは予想を超えた力をもらえることがある。すべての本がそうではないかもしれないけれど、本を読むことでしか得ることのできない何かを受け取ったとき、読んで良かったなって心の底から思います。

みなさんが思っている以上に、本にしか書かれていないことはたくさんあるんです。映像やSNSが登場する前に、このことを伝えたい!と強く思った人たちによって、書物は残されてきました。何千年もの厚みを持つ本が、この世にはいくつもある。そういうものに触れたり読んだりすることなく死んでしまうのは、もったいない。そう思うから、私はこれからも本を読み続けていきます。

Q8 『最後の挨拶 His Last Bow』を執筆したあと、小林さんの人生に何か影響があれば、教えていただきたいです。

小林 この本のタイトルは、シャーロック・ホームズシリーズの「最後の挨拶」から付けました。ホームズの物語と、それを書いたコナン・ドイル。ホームズの翻訳家であった父の人生。それらを掛け合わせながら書いた作品です。

生きることや死ぬこととは、どういうことなのか。私はずっと考えています。父が亡くなった当時、私はそのことを口にすることも、書くこともできませんでした。言葉にすると、いよいよ本当のことになりそうでできなかったんです。父が亡くなってから十年経って、ようやく小説として文字にすることができました。

この本を読んだ方々から、感想やエピソードをいくつも教えていただきました。自分も身内を亡くしたけれど、ずっと言うことができなかった。すごく悲しくて、どうすべきか分からなかった。普段こういう話って、あまりすることがないですよね。だから、私の本をきっかけに、何かを失ってしまったことの悲しみや物語を共有できたのは嬉しかったです。

Q9　女性作家は社会にどのような影響を与えると思いますか。また、小林さんは今後どういったお仕事をしたいと思っていますか。

小林　男女やジェンダーについて、実は昔はあまり考えたことがありませんでした。でも、『光の子ども』で「放射能」の歴史を辿っていくうちに、科学の中でも放射能の研究分野には女性が多いと気がつきました。なぜかというと、旧来からある化学は本当に男性が占有していて、女性の研究者が入る余地なんてなかった。対して「放射能」は新しい分野なので、女性でも科学者になることができた、ということを知りました。

とはいえ、女性科学者であるリーゼ・マイトナーは、長いこと研究室も給料も与えられなかった。他にも、出産や結婚によって研究を続けられない、自殺してしまう、といった女性科学者たちの姿を、いくつも見つけることができます。

歴史に名を残した有名な男性科学者は多い。けれど、その影には女性科学者たちもたくさんいます。彼女たちは、社会構造によって声を消されてしまったり、残すことができないことも多い。私はその声を一つでも記憶し、彼女たちの痕跡を伝える仕事をしていきたいと思っています。

参考文献・読書案内

小林エリカ『光の子ども』1巻〜、リトル・モア、二〇一三〜二〇一九年
小林エリカ『親愛なるキティーたちへ』リトル・モア、二〇一一年
小林エリカ『最後の挨拶 His Last Bow』講談社、二〇二一年
小林エリカ『トリニティ、トリニティ、トリニティ』集英社、二〇一九年

＊

アンネ・フランク『増補新訂版アンネの日記』深町眞理子訳、文藝春秋、二〇〇三年
エーヴ・キュリー『キュリー夫人伝　新装版』河野万里子訳、白水社、二〇一四年
リチャード・フィリップス・ファインマン『ご冗談でしょう、ファインマンさん　上・下』大貫昌子訳、岩波書店、二〇〇〇年
ヴィスワヴァ・シンボルスカ『終わりと始まり』沼野充義訳、未知谷、一九九七年
コナン・ドイル『シャーロック・ホームズ　全集』全9巻、小林司・東山あかね訳、R・L・グリーン／C・ローデン／O・D・エドワーズ／W・W・ロブスン注・解説、高田寛解説訳、河出書房新社、二〇一四年
ジュリー・オオツカ『屋根裏の仏さま』岩本正恵・小竹由美子訳、新潮社、二〇一六年
キム・スム『ひとり』岡裕美訳、三一書房、二〇一八年

世界のニュース現場を読み解く

2022年11月25日、上智大学図書館

講師　**増田ユリヤ**

ますだ・ゆりや＝ジャーナリスト。「大下容子　ワイド！スクランブル」（テレビ朝日系列）、YouTubeチャンネル「公式　池上彰と増田ユリヤのYouTube学園」などに出演。著書に『新しい「教育格差」』、『教育立国フィンランド流 教師の育て方』、『移民社会フランスで生きる子どもたち』、『揺れる移民大国フランス　難民政策と欧州の未来』、『世界を救うmRNAワクチンの開発者カタリン・カリコ』、池上彰との共著に『歴史と宗教がわかる！　世界の歩き方』など。一九六四年生まれ。

現地に行かなければわからない

みなさんこんにちは。ジャーナリストの増田ユリヤと申します。本日は週末の遅い時間にもかかわらず、私の話を聞きに来ていただき、ありがとうございます。

今日の講義は「世界のニュース現場を読み解く」とつけました。私がこれまで見てきたことや体験、直近の取材を通して、いまニュースで話題になっていることが、実際の現場ではどうなっているのか、そういったことをお伝えしていければと思います。

というのも、ニュースで見た現場へ実際に足を運んでみると、まったく違った印象を受けることが多々あります。二〇〇二年にはじめての海外取材でニューヨークを訪れた際、私は9・11同時多発テロの事件現場付近を見て回りました。瓦礫がだいたいは撤去されていたとはいえ、ここが本当にあのニューヨークなのかと思ってしまうほどの、ホコリにつつまれ荒廃した街が目の前に広がっていました。

池上彰・増田ユリヤ著、ポプラ社

現地に行って、自分の目で見て、そして物事を考える。そういうことをしなければ、現実を「見誤る」ことになります。本日の講義では、ニュースだけでは知ることのできない現場の状況を、限られた時間のなかで紹介していきながら、私が力を入れて取材を続けてきた移民、難民の問題についてお話しします。

それから、みなさんがどんなことに興味あるのか、ぜひ聞いてみたいです。のちほど質問時間を設けていますので、ぜひ遠慮なく質問してください。

📖 アメリカ中間選挙の取材

コロナ禍が訪れて以降、学生のみなさんは大学に来ることができず、リモート講義を受ける期間がしばらく続きましたよね。私も同じく、この期間は海外に出ることができず、取材活動に困難をきたしていました。

今年（二〇二二年）の三月、制限つきではありますがようやく入国要件も緩和されました。海外取材に行きやすくなったので、今年だけですでに四回ほど取材のために渡航しました。来月も、海外取材の予定が入っています。

直近では、一〇月下旬から一一月上旬までの計八日間、アメリカ中間選挙の取材のために渡米していました。日本でも今回の中間選挙には注目が集まったので、みなさんもなんとなく選挙情勢はご存知のことかと思います。

では、今回のアメリカ中間選挙で、現地ではどんなことが争点になっていたか。大きく四つのテーマがありました。まずは経済。インフレが進んだことで、アメリカの多くの人たちは生活必需品を買うのにも、とても困っている状況です。そのため、この問題には最も関心が寄せられていました。

それから、これは意外かもしれませんが、人工妊娠中絶の賛否をめぐる議論が現地では盛んに取り上げられていました。この問題をめぐっては、特に若い人たちが反応を示し、真剣にこの問題に向き合っていった。さらに、移民の議論も大きなトピックでした。アメリカの移民問題については、のちほど詳しくお話します。

あと、銃規制の是非も大きな争点のひとつでした。日本でもニュースになりますが、アメリカではしばしば銃の乱射事件が起きます。今年の五月には、テキサス州の小学校で銃の乱射事件が発生し、一九人の子どもたちと二人の先生が亡くなる非常にショッキングな事件もあったばかりです。

私は今回の中間選挙の取材先として、五月に事件が起きたテキサス州のユデルバにも足を運びました。地元の人たちは大きなショックを受けていて、涙を流しながら銃規制を訴えている人もいました。ところがテキサス州全体では、むしろ銃規制を推進する意見は少数派です。実際、選挙では銃規制に反対する大多数の意見を反映した結果が出ました。

日本人からすると、銃乱射事件なんて起きたら、世論の大半は銃規制に動くものと考えるかもしれません。しかし、現地の人はそれを望んでいない。やはりそこには、その国や地域に固有の歴史や文化的背景があって、それに基づく考え方をする人たちが多いからです。

そういった意味からも、現地で見聞きしないとわからないことはたくさんあるわけです。多様な価値観があることを理解できていないと、他国の人たちと付き合うときに「見誤る」ことになりかねません。そのことは私自身、取材をするたびに痛感していることでもあります。

📖 アメリカの不法移民たち

では、今回の中間選挙の大きなテーマのひとつだった、移民の問題についてお話していきます。

アメリカの移民問題というと、トランプ前大統領が二〇一六年の大統領選公約として掲げた、メキシコ国境に作る大きな壁の話が思い起こされるかもしれません。なぜ、トランプがそれを主張したかというと、メキシコと国境を接しているアメリカ南部の州の人たちは、大量に不法移民が入ってくることに困っていたからです。

一方で、アメリカを目指す不法移民の人たちというのは、自国では生きることすらままならないから、命からがらアメリカに渡り、普通の生活をすることを望んでいる。けれど、その道は文字通り「命がけ」です。たとえ運良く国境を越えたとしても、その先にはアメリカ南部の過酷な砂漠地帯が待ち受けていて、命を落とす危険性もあります。それすら覚悟して、アメリカに入ってくるのです。

二〇二〇年の大統領選の結果、国境警備を厳重にした共和党のトランプ政権から、移民や難民に寛容な態度をとる民主党のバイデン政権に変わりましたよね。その途端に、たくさんの不法移民がアメリカ南部に押し寄せるようになってしまいました。

不法移民の保護に反対のアメリカ南部の州知事たちは、バスをチャーターし、押し寄せてくる移民をニューヨークやシカゴといった民主党の支持層の多い州に〝押しつける〟ということを行いました。毎日何千人とバスで人が送られてくる状況に、バイデン大統領もさすがに手を焼きました。新型コロナの蔓延防止措置の法律を適用して、一時的に国境を閉鎖したほどです。

📖 移民たちのドラマ

私は今回、そのような形でニューヨークに入ってきた不法移民の人たちを取材しに現地に訪れました。けれど、彼らはみんな収容施設に入っていて、接触すること自体が非常に困難という状態だった。そんな中、ニューヨークで移民支援のボランティアをしているガルベスさんという方に、幸運にもお会いすることができました。ガルベスさんは、中南米にルーツを持つアメリカ人です。

ガルベスさんは命からがら入国してきた人たちを助けるべく、衣料品や食料を提供する活動を行いながら、不法移民の人たちのために必要な手続きのお世話をしています。本当に偶然ですが、ガルベスさんへのインタビューの最中に、収容施設に滞在している男性がたまたま現れました。アルベルトさんという四〇代のキューバ移民で、彼もガルベスさんに助けられたそうです。この方からもお話を聞くことができました。

アルベルトさんは、十数カ国を転々としながらニューヨークに来たそうです。キューバでの生活が困難になり、アメリカに渡る決意をした。その道中、中米のホンジュラスで出会った女性とパートナーになって、その女性の娘夫婦と一緒にアメリカを目指したそうです。

けれどアメリカに着く前に、パートナーの女性に不幸があった。以来、ご自身と遺された娘夫婦とその赤ちゃんを伴って、ようやくニューヨークまでたどり着いたという境遇で、収容施設に滞在している方でした。

偶然お話を聞けた移民の方でさえ、これだけのエピソードがある。不法移民の問題に対して、人それぞれ思うことはあるでしょう。しかし、忘れてはいけないのは、アメリカにやってくる人たち一人ひとりが、それぞれ想いを抱えているということです。

📖 封鎖される国境・壁・移民

ここから先は、以前取材した内容をもとに、もう少しアメリカの移民・難民問題を掘り下げていこうと思います。まずお話したいのは、アメリカ南部の国境の町についてです。二〇一六年の大統領選に勝ったトランプ前大統領は、本当に国境に壁を建設したのか。現地の様子がどうしても気になったので、アリゾナ州のノガレスという町を訪ねました。

ノガレスはもともと、メキシコ北部のアメリカ国境沿いの町で、一九世紀にアメリカが町の北部の一部を買い取り、国境線を引き直すことになりました。つまり、町の中に国境線が引かれることになったんですね。それによって、アメリカ側とメキシコ側、ふたつのノガレスが地図上に載るようになってしまったのです。

元はひとつの町ですから、親戚縁者同士が寄り添って暮らしていました。けれど国境線が引かれて以降、住んでいる場所によっては、親戚同士にもかかわらず国籍が違うという事態が起きてしまいました。

以前はそこまで国境管理が厳密ではなく、国境をまたいでの往来が気軽にできたのです。ところが、九〇年代に国境に沿ってフェンスが設置されはじめ、徐々に国境警察の監視の目が厳しくなっ

無実の罪で犠牲になった少年　©2016-2022　Julia Masuda

ていった。今ではフェンス沿いで少しでも不審な動きをしようものなら、銃で撃たれてしまうのです。

私が国境沿いを案内してもらっているとき、フェンスの下に描かれた男の子の絵を見つけました。それは、フェンス沿いで遊んでいて、国境警察に誤って射殺された子だそうです。あとになって人為的に引かれたにもかかわらず、長年そこに暮らす人たちの運命を変えてしまう国境とはなんなのだろう。国境に面した町の歴史と現在を知ることで、そんなことを改めて思うようになりました。

📖 移民・難民の子として生きる

不法移民の中には、幼少時に家族共々国を離れ、その後アメリカで育った方も多くいます。彼ら彼女らはドリーマーと呼ばれている。今から、ドリーマーの女性に取材したときのことをお話しします。

アダマさんという、一〜二歳のときにギニア出身の両親と一緒にアメリカに渡ってきた方の話です。彼女自身には、もちろん不法入国したときの記憶はなく、自分はアメリカで生まれ育ったと認識していました。

ところが、彼女が一六歳のときにいきなりFBIに連行されてしまったのです。というのも、9・11同時多発テロにより、アメリカ国内のイスラム教徒に対する見方が変化した。それによって、イスラム教徒であった彼女にも、いわれのない自爆テロの嫌疑がかかってしまったのです。

当時高校生だったアダマさんは、そのときにはじめて自分の出自を知ることになりました。六週間も拘束されたのち、三年間GPSを付けて生活をすることを余儀なくされてしまった。希望していた大学進学も、諦めることになりました。

私が取材させてもらったとき、彼女は三〇歳になったばかりでした。自分を含め、同じような境遇の移民の人たちが受けている不当な扱いをクリアすべく、移民としての正当な権利を勝ち取るための活動を行っていました。

彼女の想いは、アメリカ国籍のパートナーの男性との間で、正式な婚姻手続きをしなかったことにも現れています。アメリカ国籍の人と姻戚関係になれば、アメリカ国籍や滞在許可の取得が容易になります。が、それでは移民の権利を勝ち取ることにはつながらないと、彼女は考えているんです。

アダマさんのように、無実の罪によって人生を狂わされてしまう人がいるのが、アメリカの現状です。たとえ不法移民だったとしても、その人たちにも人権はある。それをどう考えなければならないのか、課題は山積です。

現在は、移民に対して寛容な立場の民主党が与党の座についています。けれど二年後には、大統領選でまたひっくり返ってしまう可能性もある。そうなると、移民政策は再び厳しい局面を迎えることになるかもしれません。

このように、アメリカの移民・難民問題は、現在のアメリカ社会を理解する上でとても重要なポイントになります。これからみなさんがアメリカのニュースを見るときには、いまお話ししたことも、ひとつのヒントにしていただければ嬉しいです。

📖ヨーロッパを目指す難民たち

次に、ヨーロッパの移民・難民問題についてもお話しします。私はかねがね、ヨーロッパの移民や難民の人たちに取材するために現地取材を重ねて、この問題を深掘りしてきました。

二〇一五年の夏、シリア難民の人たちが大勢北上し、エーゲ海や地中海を越えて、ドイツやフランス、イギリスに渡っていく。あるいは、地中海を渡る難民を乗せた船が定員オーバーで転覆してしまい、赤ちゃんが海岸に打ち寄せられたり……。その映像が日本のニュースでもよく流れたので、ご記憶の方もいらっしゃると思います。いわゆる、ヨーロッパ難民危機です。

このような報道に触れて、難民を救わなければならないという声が急速に高まりました。EU全体で、どのように難民や移民を受け入れるのか、ということが喫緊の課題になった。ドイツのメルケル前首相は、ドイツに流入してきた大量のシリア難民すべての受け入れを発表し、当時大きなニュースとなりました。

私はどんな人たちが難民としてやって来て、どうやってドイツまでたどり着いたのか。現地の様子を含めて興味があったので、その年の秋にミュンヘンに取材に行きました。

ミュンヘンの中央駅に着いた難民の人たちは、身元と健康のチェックを行い、順次バスで各地の収容施設に送られます。バスを待っている間に、市民のボランティアたちから軽食、果物やヨーグルト、サンドイッチといったものをもらっていました。その様子はあらかじめニュースでも見ていましたが、実際に現地に行くと歓迎ムードが広がっていて驚きました。駅に集まった市民が、難民一人ひとりにねぎらいの言葉をかけている光景を目の当たりにしたのです。

そこで私は、一家でボランティアに来ていた男性にインタビューをすることにしました。開口一番、彼は言いました。「私たちは一九四五年を忘れない」。

その方曰く、「ヒトラー政権時代にユダヤ人を大量虐殺した歴史を有する民族として、困っている人はどんなことがあっても助けなければならない」そうです。たまたまお話を聞いた方であっても、このような想いを抱えている。歴史の重みそのものを実感しました。

📖 現地取材での問題

難民としてヨーロッパに入ってきた人たちは、難民申請を提出した国にずっと滞在しなければいけない決まりがあります。そのため、自分がどの国に行きたいのか慎重に検討して、難民申請をする国を選択しています。

フランス北部　カレーの難民キャンプ　©2015-2022　Julia Masuda

ヨーロッパの国の中では、イギリスを目指す難民の人が非常に多い。イギリスであれば英語も習得できるし、いろいろな地域のコミュニティも多く、社会に溶けこみやすいという理由からです。

そのイギリスに渡るためには途中、フランスを経由することになります。彼らはフランスで難民登録をせず、ドーバー海峡沿岸、つまりイギリスとの国境に面したカレーという街の難民キャンプで一時的に滞在するんですね。

この難民キャンプにも、私は取材に行きました。そこに足を踏み入れた途端、ゴミ捨て場と見紛うような光景が広がっていました。地元の人からはジャングルと呼ばれ忌避されていたそのキャンプ場には、多いときには一万人以上の人が集まっていたそうです。ここにいる人たちは、イギリスに渡る機会を今か今かと待ちわびながら、テント生活をおくっていました。

キャンプにいる大半の人は、基本的にアラビア語しか通じない状態です。たまたま英語のできるアフガニスタン出身の男性と知り合うことができたので、現地の状況やご自身の話を聞くことはできました。ですが、あまり長居すると通訳の人を含め身の危険もあったので、話そこそこに退散しました。

現場取材をしたいと思って現地を訪れても、行けば行ったなりに問題は発生するものなのです。その後、アフガニスタン出身の彼はちゃんとイギリスに渡れたのか、気がかりではありますけれども。

増田ユリヤ著、ポプラ社

📖 移民・難民排斥運動の現場で

二〇一五年当時はIS、いわゆるイスラム国のことも盛んに報道された時期でした。パリで起きた同時多発テロへの関与から、ヨーロッパでのイスラム教徒に対する見方も変わり、移民や難民の受け入れにも、非常に風当たりが強くなっていった。

先ほどのカレーの取材の直後、パリで同時多発テロが発生しました。事件後しばらくして、現場を見に行った私は、大変なショックを受けました。そのときの取材をもとに執筆したのが、『揺れる移民大国フランス　難民政策と欧州の未来』です。

パリ同時多発テロ以後、ヨーロッパ各地で排外的な極右の人たちの動きが活発になっていきました。私自身、以前ミュンヘンで難民の歓迎ムードを見ていましたから、ドイツが外国人排斥を声高に叫ぶ国になるとは、思いもよらなかったのです。けれど、現実はそうではありませんでした。

二〇一八年、旧東ドイツのケムニッツという町に行きました。そこでは極右団体の人たちが運動をしていて、彼らと移民が殺し合いに発展しかけたというニュースも流れていました。私は右翼団体に所属するショッケさんという三〇代の男性に、コンタクトを取って、インタビューをしました。いろいろとお話を伺ったのですが、そのとき、彼にこう言われました。

「日本は外国人を受け入れないから、本当に素晴らしい国だね」。

返事に困りましたね。私自身はそんなつもりはなくても、海外から見た今の日本の姿は彼の言う通りなのかもしれない。他国から見たときの日本というものを、思いがけず知ることにもなりました。

彼に取材した日の夜、極右団体のデモ行進を見に行き、デモの参加者にインタビューを試みました。ですが、「マスコミなんか信じられない、出て行け！」と言われてしまった。そんな苦い体験もありました。

デモの翌日、地元の人たちにも話を聞きました。私がインタビューをしたひとりの人は、「町の人たち全員がそう思っているわけではない」と話してくれました。「極右の人たちは集会がある日になると、よその町の駅からたくさん乗りこんでやってくる」。別の人もこのように言っていました。

地元の人に話を聞けば、排外的な人たちばかりでないことがわかりました。報道で言われているほど、この町で極端に難民の人たちが難しい状況に追いこまれているようには見えなかったのです。本当に殺し合いに近い出来事が起きたのかも、正直怪しいところです。

これも、ニュースで見る情報と実際の現場の状況が乖離していることの一例でした。ですから、やはり実際に現場に訪れて自分の目で見ないと本当のことはわからないのです。そのことを、私は取材の先々でいつも痛感します。

ここからは、みなさんがどんなことを知りたいのか、質問にお答えしていこうと思います。

質疑応答

Q1　どうして移民問題に興味を持つようになったのですか？

増田　私自身、自分が移民・難民の取材をするようになるとは、夢にも思っていませんでした。というのも、本格的に移民・難民取材をはじめたフランスには、もともと別の目的で足を運んでいたんです。

フランスという国には、実はエスニック料理屋がたくさんあります。その中には、クスクスという料理を無料で食べさせてくれるカフェもあったりする。そのことを、たまたま読んだ本で知った私は、クスクスってどんな料理なんだろう、どうして無料で提供しているカフェがあるのだろうと気になっていました。ちょうど、フィンランドに取材に行く予定があったので、せっかくの機会だからフランスに立ち寄ってみたんです。

現地在住の日本人の知り合いに、クスクスを無料で提供しているカフェに連れて行ってもらいました。金曜日の夜に無料で振る舞われるということで、お店には無料のクスクスを目当てに、私たち以外にもいろいろな人たちが集まってきていました。

九時近くになると、お客さん同士が自分のテーブルをくっつけて、四人グループを作り、ドリンクを飲みながら楽しそうに談笑していた。そして、お待ちかねのクスクスの入ったお鍋が、それぞれのグループ席にひとつずつ置かれていきました。

念願のクスクスを食べ終わると、今度はここに集まったお客さんたちのことに興味がわき、話しかけてみました。現地の若い女の子たちもいたし、別のテーブルにはフォトグラファーの女性と、旧ユーゴスラビア移民の男性がグループになってクスクスの鍋を囲んでいたり。あとは、アルジェリアから来た方もいましたね。

店内は本当に多種多様な人たちが入り混じっていました。見ず知らずの人同士がグループをつくって、無料のクスクスをシェアし合っていた。その光景に驚くと同時に、フランスって本当はどんな国なんだろうという興味にかられて、そこからフランス通いがはじまりました。

私がフランスで知り合ったひとりに、アルジェリア移民の男性がいます。彼はパリ市の児童養護施設で働いています。そこには、地元の恵まれない家庭の子どもだけでなく、移民の子どもたちもたくさんいる。それこそ、中東やアフリカから来た移民や難民の子どもたちが全体の八割を占めるほどでした。

その施設にいた難民の子のひとりは、アフガニスタンから三ヶ月かけて陸路でフランスに入った男の子でした。親が目の前でタリバンに殺され、お兄さんとどうにか国外に逃げた。けれどエーゲ海を渡るところでお兄さんと離ればなれになってしまい、途中トルコでお金を稼いで、ようやくフランスにたどり着き、児童養護施設に収容されたそうです。

フランスは、ユニセフの「子どもの権利条約」に批准をしています。未成年であれば、誰でも助けるという条約を結んでいるので、他国から不法で入ってきたとしても、未成年の子どもなら無条件で助けてくれるのです。フランスに一歩でも入れば、公共の収容施設で保護され、その上学校にも通わせてくれる。それがフランスを目指す移民・難民の人たちの情報として共有されているのですね。フランスは人権を大事にする国といわれていますが、それは今述べたような国の方針や政策からきているのだと、この児童養護施設の取材から学びました。

以来、かれこれ二〇回以上フランスに足を運ぶことになりました。けれど、児童養護施設の子どもたちに会いに行くことや、取材活動が主な目的なので、シャンゼリゼ通りのルイ・ヴィトンやシャネルといったみなさんが思い描く、これぞフランスという場所にはまだ一度も行ったことがないんです（笑）。

私の移民取材のきっかけを与えてくれたのは、クスクスという料理のことを教えてくれた一冊の本との出会いからだった、と言っても過言ではありません。そこから多くの方たちと出会うことができ、今の取材にも活かされています。

Q2　私は日本の入管問題を学んでいて、現在は二〇二一年に起きたウィシュマさんの死亡事件を研究しています。日本の場合は、海外のような移民の受け止め方をしておらず、あくまで入管行政上の議論に終始していて、問題意識のあり方が異なる印象を受けました。増田さんは、ウィシュマさんの事件をどのように捉えているか、お考えをお聞かせください。

増田　この事件をめぐって、先日入管施設内でのご本人の映像が公開されることになりましたよね。以前なら表に出ることのないような資料の公開に踏み切ったわけであって、その点は国としての進歩を感じます。

ただ、もしも自分が移民や難民の取材活動をしていなかったら、本件についてどこまで関心を持てただろうか。今回の事件を通して、私はそう思いました。

日本人の中には、日本に入ってきた海外の人の誰かひとりでも問題を起こすと、「外国の人はみんな怖い」と感じてしまう部分はあると思います。もしかしたら、私もその世論に流されたひとりになっていたかもしれないな、と。

幸い、私の場合は海外に出る機会に恵まれましたし、取材を通していろいろな人と出会いました。物事を正しく理解するためには、一人ひとりのことをきちんと見ていかなければならない。そのことを何度も学びました。

そんな前提があるからこそ、移民や難民の人たちの人権をどのように考えればいいのかということまで踏みこんで、頭をめぐらすことができます。ところが、その経験がなかったら。ウィシュマさんの事件が日夜大々的に報じられていたとしても、関心を持てたかわからないし、自分事として考えることはできなかったでしょう。

今回、移民や難民のことを自分事として考えることができなかったのが、入管の職員だったと、私は考えています。彼らはあくまで公務員として職務にのみ忠実で、入国してきた人を機械的に管理していた。それだけだったら、入管に収容されている人たち、それぞれが抱えている事情や問題を見落としてしまうのは当然です。

これらの積み重ねによって、ウィシュマさんは不幸にも命を落とすことになってしまったのかもしれません。たられればですが、入管の職員が、目の前で起きている問題を自分事と捉えて動くことができたのならば、違った結末を迎えたかもしれません。

一口で語れるほど簡単な問題ではありません。入管行政の制度しかり、政治的な側面しかり。そういった表向きの問題を解決することも大事なことです。しかしそれ以上に、日本の多くの人たちが移民や難民をめぐる問題を、どれだけ自分事として受け止められるかが先にある気がします。それが、このような悲劇をなくしていくために求められる、もっとも重要なことなのではないでしょうか。

Q3　増田さんのYouTubeチャンネル、「池上彰と増田ユリヤのYouTube学園」のファンです。増田さんはテレビにもよくご出演されていますが、テレビやYouTubeで情報を発信するときに気をつけていることや意識していること、あるいは両者の違いがあれば教えてください。

増田　いつも私のYouTubeチャンネルをご覧いただき、ありがとうございます。まず、テレビに出るときは、発言の一言一句、本当に気をつかっています。自分が人からどう見られるかも、非常に意識する必要があります。

放送局側も視聴者が誤解を招くことのないよう配慮をしているためか、ちょっとしたことでも注意されてしまうのです。ですから、テレビに出るにあたっては、注意されない範囲で、うまく自分の考えを説明できるような日本語を選択するようにしています。

かたやジャーナリストの池上彰さんと一緒にやらせてもらっているYouTubeの方は、けっこう自由にさせてもらっていますね。収録前にあらかじめ大まかなテーマは決めておくものの、テレビのようなしっかりした台本もなく、いつもぶっつけ本番のような形で収録しています。もちろん、番組内でお話する内容の事実関係はすべて裏取りをした上で撮影にのぞんでいますよ。
ちなみに、コンビを組んでいる池上さんは、聞いたことに何でも答えてくれる本当にすごい方です。難しい問題をとても分かりやすく解説しれくれるので、池上さんの話は、聞いているだけで自分もなんとなくわかった気になる。そんなことをおっしゃる方も、大勢います。
池上さんがメインでお話しする回は、ニュース解説が中心です。限られた放送時間のテレビ番組だったら、解説だけで十分かもしれません。けれど私としては、そのニュースをもっと深く理解できた方がいいと思い、池上さんの説明の中でわからないことがあったら、その都度質問するようにしています。するると、私の疑問に対してもわかりやすく解説してくれるのですね。このような作業を繰り返しながら、毎回楽しく番組づくりをしています。

Q4　私にはニューヨーク在住のアメリカ人の友人がいて、その人はバーニー・サンダースの支持者です。友人によると、都会に住む人たちがバーニー・サンダースを含むリベラルな民主党を支持し、保守的な人が多い地方の人たちは共和党やトランプを支持しているそうです。これこそがアメリカの「分断」なのだと思っていますが、なぜこのような「分断」がアメリカ全土で広がっていってしまうのか。増田さんはどのようにお考えでしょうか？

増田　ご質問の中で、バーニー・サンダースさんの名前が出てきたのは嬉しいですね。バーニー・サンダースさんは無所属の上院議員で、前回・前々回の大統領選挙時に民主党の予備選挙でヒラリーさんやバイデンさんと争い、惜しくも大統領候補になれなかった方です。
バーニー・サンダースさんが主張する政策は、公立大学の授業料無償化や、国民皆保険といった社会保障を手厚くするものです。国民皆保険に関しては、日本人にとっては当たり前ですが、アメリカはそうではないのですね。むしろ、このような主張をすると極左というレッテルが貼られてしまいます。

今回の中間選挙の取材で、私がインタビューをした共和党支持者であるフロリダ州の大富豪の意見に、それがよく表れていました。その方いわく、バーニー・サンダースさんら民主党がやろうとしているものは、社会主義的な極左政策だ。自分たちの払った税金を、自分たち以外に使われることが許せない。

日本でも目にする主張ですが、自分が稼いで納めた税金は、自分たちのために使われるべきものだという考え方ですね。非常にざっくりいえば、このような考えの人たちが、従来の共和党支持者には多いのです。

ところが、二〇一六年の大統領選に勝ったトランプさんが票田としたのは、フロリダの大富豪とは真反対の層です。いわゆるラストベルトと呼ばれる、鉄鋼業や石炭、自動車産業といった、旧来型の産業が集まった工業地帯に住んでいる保守的な貧しい労働者たち。彼らの声に耳を傾けたことで、共和党は労働者層の支持を集めることにも成功しました。

一方の民主党は、移民や難民の保護や社会保障の充実といった、リベラル的な政策に積極的です。それに共感する都市部のエリート層を中心に支持されていましたが、反面、ラストベルトいるような、アメリカの伝統的な労働者層に目を向けてこなかった。だからトランプさんに負けたんだということも、さんざん言われてきました。

アメリカの「分断」は、都市と地方、リベラルと保守といった対極の考えが埋めがたい状況になっていることで生じている。これが大枠の見方だと思います。でも私は、今回の取材を通して、埋めがたいと見られていたアメリカの「分断」の溝が修復できるかもしれない。そんな希望を感じました。

それは、講義の冒頭で少しお話した人工妊娠中絶の賛否をめぐる対立の中で見ることができました。アメリカの場合、人工妊娠中絶の可否は、各州独自の州憲法で定められています。だから、容認されている州もあれば全面的に禁止されている州もあるんですね。

今年の八月、共和党が地盤を持つカンザス州で人工妊娠中絶の賛否をめぐる住民投票が行われました。共和党は保守ですから、基本的にはキリスト教の伝統を重んじていて、生命倫理の考え方も厳格です。ですから、支持者の大半は人工妊娠中絶〈反対〉の立場です。

ところが、そのときの選挙の住民投票では、なんと七割近くの票が人工妊娠中絶〈容認〉に投じられた。そしてカンザス州では、人工妊娠中絶が可能になりました。どうしてこのような、従来とは反対の結果が出たのか。

現地の取材で、人工妊娠中絶禁止側と容認側、双方の立場の意見を聞くことができました。まず禁止側の主張は、こうです。

中絶という行為は女性に対して傷を負わせる行為である。新しく生命が宿った赤ちゃんの命は、絶対に守らなければならない。もし女性にとって望まない出産で、産まれてきた子どもを育てられないのであれば、地域で責任を持って育てる。

一方で、容認側の意見は次のようなものです。

人工妊娠中絶は女性固有の権利である。レイプ被害者や、近親相姦による若年妊娠で命の危険を負った例もある。人工妊娠中絶が禁止になれば、容認されているほかの州に行かなければならず、そのための時間とお金が必要になり、一刻を争う自体のときに母子ともども命にかかわる。

ニュースでこの問題を見ていると、どうしても双方の極端な意見ばかりがクローズアップされます。そのため、一見話し合いの余地のない「分断」が起きているように映ってしまいがちです。けれど、一人ひとりの声に耳を傾けると、誰も悪い人はいないし、みんな真剣にこの問題に向き合おうとしていることが、よくわかるのです。

何より、禁止派であろうと容認派であろうと、誰しもが女性や赤ちゃんの生命や権利を大切に考えている。双方ともに大事に思っていることには、大差はないんです。ですから、私はこの問題にこそ、アメリカが「分断」を埋めるためのカギがあるのではないかと、しみじみ感じました。

もうひとつ、このテーマをめぐって若年層の有権者が非常に関心を持ち、それが投票行動につながったことも大きなポイントです。若い人たちの多くが人工妊娠中絶を容認する立場に票を投じたことで、共和党優位の下馬評を覆す結果をもたらしました。

みなさんもよく、人口の少ない若者は票には影響力がなく、投票に行く意味がないといった否定的な報道や識者の意見を目にされているのではないでしょうか。でも、それはまったくの間違いです。

みなさんのような若い人たちが、自分事として社会の問題を受け止めることが重要なのです。その上で自分にとって何が大事で、この先どうなっていってほしいのか。あくまで自分に軸足を置いた見方で十分なので、真剣に悩み、考えて投票することが一番大切なことです。

今回のアメリカ中間選挙は、そういった若者たちの真剣な一票が社会を大きく変える結果につながった、まさにいい例です。自分たちの行動によって、これまでステレオタイプ的に言われていた〝常識〟とは違う結果をもたらす可能性があることを、ぜひ覚えておいてくださいね。

Q5　SNSを通じて「分断」がさらに広がっていく可能性はあるのでしょうか？

増田　SNSの使用頻度が増えて、偏った情報にしかアクセスしないようになると、そこに集まってくる意見に、自分の考え方も左右されてしまうことがあるかもしれません。

大事なことは、何をすれば自分は幸せになるのか。確固たる価値判断の基準を持つことです。それさえあれば、SNS上の多数意見を目にしたところで、安易に流されることもなくなります。自分にとっての正解は、自分にしかないのです。

そのような判断基準を養うためにも、たくさん読書をすることはとても役に立ちます。本というメディアは、著者の書いた文章を編集者が添削し、校閲作業で事実関係も正確にしてから、世に出ている。情報の質を高めた上で、読者のみなさんのもとに届きます。

いま世の中には、いろいろな本が出ていますよね。多種多様な考え方の本がある中で、何を選び、そこからどのように情報を取るかも結局、自分次第です。その意味でも、まずみなさんにはたくさんの本を読んでいただき、自分にとって一番大事なものが何なのかを見つけていただきたいです。

Q6　移民や難民の方にインタビューをされたときに、みなさんちゃんとお話をしてくれたのでしょうか？　私は、移民や難民の人たちは非常にナイーブだというイメージで、今日の講義を聞くまで、お話を聞くこと自体が難しいのではないかと思っていました。

増田　私もはじめのころは、どこまできちんとお話を聞くことができるか心配でした。たとえば、先ほどお話した、フランスの児童養護施設にいるアフガニスタン出身の男の子。彼は目の前で親を殺されたために心に大きな傷を負い、半年くらいはカウンセリングが必要だった。そういった子たちは、ほかにも大勢いるわけです。

そういう施設でインタビューする際は、許可がもらえた子にしかお話は聞きません。メディアインタビューではなく、日本の学校の先生が話を聞きに来たという体にしてもらってから、子どもたちと向き合うこともあります。あとは、あくまで相手が話をしてくれることだけを聞くようにしています ね。

私の場合は、話を聞くために何度もその場所に通うこともあります。おかげで児童養護施設の子どもたちとは外にお出かけをして、一緒にケバブサンドを食べるまで仲良くなりました。これは、仕事のための努力というよりも、私自身が楽しかったからやってきただけのことですけれど(笑)。

移民や難民の多くは、そこにたどり着くまでに相当な苦労をしてきているし、この先こうなりたいという願望もそれぞれ持っているのです。だから、本当は聞いてもらいたいこと、伝えたいことはたくさん持っています。

けれど、トラウマを抱えてうまく話せない人もいます。子どもだろうと大人だろうと、相手が話をしてくれる範囲で取材を終える。どれだけ話を聞けるかは、本当に人それぞれです。相手の年齢もあるし、そのときのシチュエーションによっても異なるので、状況によりけりとしか言いようがないのが現実です。

それと、人間関係をつくるのも大事です。相手と自然に接することができるようになれば、わざわざインタビューという形をとらなくても、いろいろなことが聞けるようになりますから。

参考文献・読書案内

池上彰、増田ユリヤ『歴史と宗教がわかる！　世界の歩き方』ポプラ社、二〇二三年
池上彰、増田ユリヤ『現場レポート　世界のニュースを読む力　２０２０年激変する各国の情勢』プレジデント社、二〇一九年
増田ユリヤ『揺れる移民大国フランス　難民政策と欧州の未来』ポプラ社、二〇一六年

フィロゾファーが、突然、空からおりてくる！

2022年10月25日、昭和女子大学

講師 小林康夫

こばやし・やすお＝東京大学名誉教授・表象文化論・現代哲学。著書に『クリスチャンにささやく』、『若い人たちのための10冊の本』、『君自身の哲学へ』、『表象文化論講義　絵画の冒険』、船曳建夫との共編に『知の技法』など。二〇〇三年にフランス政府より「パルム・アカデミック（教育功労賞）」シュヴァリエを授与される。一九五〇年生まれ。

📖 哲学者ってどんな人？

私はいま七二歳、もう高齢者です。そんな私が、若い人たちの前で、哲学の講義として、いったいどんな話をしようか。考えた結果、「よし！　哲学者をやろう！」と思って、ここに立っています。

最初に質問です。あなたにとって哲学者とは誰？

――（学生）アリストテレス。

アリストテレスね。会ったことある？　ないよね。あなたはどう？

――デカルト。

ルネくんね。会ったことないよね？

――カント。

あなたは？

――ロック。

プラトン、アリストテレス、デカルト、カント、ロック、ヴィトゲンシュタイン、サルトル……どれも有名な哲学者ですが、みんな過去の人たちです。哲学者とは、死んでいる人でないといけないのか？　そんなことはありません。今日は、生きている哲学者に会わせましょう。

それはここにいる、私。アリストテレスとは比べ物にならないし、カントにはとても追いつかないけど、私というフィロゾファー〈哲学者〉が、今日君たちの前に登場しました。

とはいえ、私が本当に哲学者であるかどうかは何をもって判断すればいいのか。小学生も絵を描くけれど、画家とは呼ばないですよね。画家とは、どういう人だと思いますか？ 私は、絵が売れても売れなくても、歴史に残っても残らなくても、自分の仕事として一生描き続けている人は、「画家」と呼んでいいのではないかと思います。

哲学者も同じです。哲学史には、前述したようにビッグネームが並んでいます。けれど、哲学書を残した一握りの人だけが哲学者なのだったら、哲学なんて今を生きる私たちと何の関係もなくなってしまう。画家でなくても、子どもが自然に絵を描くように、誰しも生きていると、哲学と接触する機会があるはずです。

この世界が、いったいどのようにできているのか。なぜ私は生まれ、ここにいるのか。そういう疑問を言葉を通じて考えようとするとき、必ず哲学的なものと触れることになります。

意識的かそうでないかは別にして、人間はこの世界でどう生きるのか、ということを考えずにはいられないのです。どこの大学に行って、何の資格をとって、どんな職業に就き、どんな人と結婚して、どんな家庭をもつのか。そういう実践的な思考は、根源的な哲学的問いとは別ものです。

📖 哲学という変な営み

これは私の仮説ですが、誰でも大人になりかけている一六歳ぐらいのときに一度、自分の存在について悩む時期が来ます。突然、問いにぶちあたるんですね。

空が青くて、鳥が飛んでいる。あぁ、鳥は自由だな。それなのに、どうして私は学校に行かなくちゃいけないのかなぁ……。私がここにいる意味は、なんだろう。

こういう問いこそ、誰かに教えてもらいたいものです。しかし先生や親に話しても、いい高校に行って、いい大学に入って、はやく社会に出なさいと、実践的な話ばかりされる。

極端にいえば、哲学とはこうした正解のない問いについて、繰り返し繰り返し、考える行為のことです。その営みに（実践的な）意味があるかと言えば、ない。ただ生きていくためなら、多くの大人たちが言うように、検定試験を頑張って、いい大学に行って、はやく「社会」に出た方がいい。

でも、この世界で生きるとはどういうことなのか。この世界はどのように成り立っているんだろうか。そういう問いは、自然にわいてくるものです。しかも、どこにも正解がない。だからこそ、答えがおしまいの学問ではないんです。哲学ってすごく変なものですよね。

デカルト著、野田又夫訳、中央公論新社

たとえばプラトンが記した「対話篇」の中で、彼の師であるソクラテスはいろいろな人と対話しています。けれど、当時はレコーダーで録音なんてできない。「対話篇」は、いわばプラトンが書いた、ひとつの戯曲です。

かと思えば、デカルトの『方法序説』には、ヨーロッパを旅しながら考えたことが書かれていたりします。あるいはニーチェの『ツァラトゥストラはかく語りき』では、一篇の童話のように哲学が繰り広げられる。ヴィトゲンシュタインは、命題について考えて考えて、最後は、「これ以上考えられないことについて考えるのを止めましょう」と、終わります。

こんなふうに、「哲学」といっても形式はバラバラです。研究論文は基本のスタイルが決まっていますが、哲学にはそれぞれの「考え方のスタイル」が出てくる。だからどちらかというと、アートに似たところがあるかもしれない。論理的に物事を追っていくけれど、同時に哲学者独自の思考のスタイルがあるんです。

📖 哲「学」ではなく、「フィロゾフィー」

哲学は最初から古典ではない。自分という存在とはまったく関係ないものを、知識として勉強しましょうというものでも、ないんです。

哲学とは、正解がまったくないような問いについて、繰り返し、繰り返し考えることです。どうして人間は死ぬのか、死んだあとはどうなるのか。あまりに切実なので、ここから先は考えるのを止めようと、多くの人が封印している問題。それを言葉と自分の思考スタイルを通じて、考え続けようとする学問です。

どうやらこの地球の外側には銀河があって、宇宙は光のスピードで一三七億光年彼方まで広がっているらしい。その広い宇宙の中に、ちっぽけな私がポツリと生きている。なんで私はここにいるんだろう……考えたってわからない。答えのない問いを、人が考えないところまで考えてみようとするのが、哲学だと思うのです。

そういう地道な営みの先に、今まで考えられたことのない新しい視点が開かれることがある。それが文字に記され、多くの人が読み、いずれ古典となるのです。だから遠い昔のプラトンやアリストテレスの著作を読むと、不思議に今を生きる私に響く一節があったりする。哲学は、みなさんと無関係ではないのです。難しい本が、ずらりと並んでいるわけではない。みなさんが今、ここに生きていることと繋がっているものなのです。だから私は、哲「学」ではなく、「フィロゾフィー」なんだ、と言いたい。

ここで、質問はありますか。哲学で大事なことは、思ったことを封じないことです。

――（学生）哲学者は、正解があると思って考えているでしょうか。それとも、正解はないと思いながら考えているのでしょうか。

これは究極的な質問ですね。まず、哲学者は「真理」を手にしたいと思って、考えています。

「真理」とは、どういうものか。「我思う、ゆえに我あり」――ルネ・デカルトが、のたうちまわって言おうとしたのは、きっとこう、「オレは考えているんだ！　言葉で哲学しようとしているんだ！」。

あるいはパスカルの『パンセ』――「パンセ」とは「思う」という意味の動詞の名詞形です。パスカルが生きていた一七世紀は、「私」が「思う」「考える」ということが、重要なファクターとして浮上した時代です。紀元前であるプラトンの時代には、そこまでは考えていませんでした。

📖 自然科学という理性

というのも、フランスで近代化が始まろうとしたとき、最初に考えなければならなかったのは次のことです。「私は真理を求めて考えているけれど、そもそもこの〈考える〉とは何だろう」。真理以前に、「考えるという行為」を考えなくてはならなくなった。ややこしいですね（笑）。

これは哲学史にとって、重要なターニングポイントになります。それがなぜ、この時代に起きたのか。

一七世紀前の哲学者たちは、それぞれのスタイルで考えて、言語化して、世界はこうできていると、独自の見解を示していました。けれど一六世紀くらいから、科学が発展し始める。すると、月や太陽がどのように運航しているのかが、正確にわかるようになりました。

F＝maとは、加速度と質量の積が力になる、というニュートンの法則です。この物理学の法則を使うと、惑星がどのように動くのかまで、計算可能になってしまったんです。驚くべきことですね。今までは神の領域だった宇宙まで、たった三つの要素――質量、加速度、重力――で、正確に星々の動きを示せるようになった。

それまでは、どこかに人間の理解が届かない神々しい真理があって、それが世界を作っていると思っていた。けれど、実際の世界は計算可能で、論理的に予測可能になってしまった。自然科学が登場した瞬間に、世界は今までとガラリと姿を変えたのです。理性の勝利です。

📖 真理はどこに?

そうして今や、力学で世界を計測し、法則を使って作った機械が、我々の文明を支配する時代になっています。昔は光をありがたがっていたけれど、今では電気があって、しかも人間がコントロールできるというわけです。

そんな世界の中で、もう一つの問いが浮かび上がってくるわけです。人間って何? 我々が生きているということは計算がつくの?

自然科学の成立で、理性によって世界の成立ちが計測できるようになりました。でも人間は、機械のようには動けない。この「人間」という存在は何だろうかと。

となれば、「人間というもの」を考えるところにこそ、真理があることになってくる。先ほど、誰でも哲学に関係すると言いました。けれど、そこから先に踏み込むためには、言葉によって真理をどう表現するか、その言葉を考えている自分とは何か……ということを考えないではいられなくなります。

けれど言葉は、自然科学と違って一律ではない。日本語、英語、中国語、全部違う。民族によっても地域によっても、家族や性別でも、それぞれが語る言葉は違ってきます。

結局、ここ二〇〇年ぐらいの間の哲学は、言語と真理がどういう関係になっているか、ということを考えている。ここを突破しないと、新しい真理には到達できないんですね。はい、質問はありますか。

――（学生）難しく考え続けて、途中でしょうもないな、と思うことはないのですか。

しょっちゅうあります。ではその問いを受けて、次はどのように私がどうしようもないかを、話しますね。

📖フランスの現代哲学の潮流の中へ

いかにして私は、フィロゾファーになったのか。

私は実は、物理学者になろうと思って東大に入りました。けれど、物理学者を目指せるほど数学が得意ではなかった。大学入学前からフランスに行きたいと思っていたので、そこからフランス語を勉強し始めました。そして、最初はフランスの詩人マラルメについて研究するつもりで、パリに行きました。けれどパリで、フランス現代哲学の巨匠といわれるジャック・デリダやジャン＝フランソワ・リオタールという先生の授業を受けた。その結果、マラルメ研究を途中で放棄することになります。

デリダという人は、講義内容を全部ノートに書いてきて、授業中にダーッとひたすら読み上げる。リオタール先生は、煙草をふかしながら、何も見ないでしゃべり続ける。彼らの講義では、どんな質問をしてもOKでした。だから、私はいつもいつも質問していたのですが、ある時とうとう、「またお前か」と言われました（笑）。

哲学をやろうと思って、パリに行ったわけではありません。けれど留学先で興味深い先生方に出会って、その人たちから学ぼうとした結果、私はフランスの現代哲学の潮流の中に身を置くことになったんです。

その後は美学や文学、表象文化論などの研究をしてきたので、哲学一辺倒というわけではありませんでした。そうこうするうちに、私は東大のUTCP（共生のための国際哲学研究センター）の拠点リーダーになっていて、世界各国の哲学者と交流するようになりました。

結局、五〇代のころは、外国の哲学者と哲学討論、対話を繰り広げていました。そうしていくうちに、いつのまにか私の中にも、私なりの哲学というものが芽生えてきた。いわゆる「真理」を求めて考えることが、自分にとって重要なことになってきたんです。

📖 私なりの哲学へ

そして六五歳で東大を退職するときに刊行した『君自身の哲学へ』が、私なりの哲学世界を表現したファーストステップになります。この本を出すことで、私はフィロゾファーになったんです。

小林康夫著、大和書房

この本をはじまりに私は、「私なりの哲学」をしていくようになりました。

『君自身の哲学へ』では、村上春樹の小説から始まって、安部公房『砂の女』、『風の谷のナウシカ』、カフカ、オウィディウスなどのテキストを通し、哲学的思索を行いました。私の中から湧きあがってくる哲学的思念のようなものを、哲学書以外のさまざまなテクストの力を借りながら、書いています。

本の中では、我ながらとんでもないことを述べています。たとえば「親というものはいない」。事実ではないですよね。誰にだって親がいる。でも、親はいないという立場に立って考えたときに、はじめて見えてくる、人間の真理があるのだと論じたかったのです。

生まれてきたばかりの人間は、けして一人では生きられない。血を分けた親でなくとも、必ず人間の「輪」の中に生まれてくるのでなければならない。生まれてきたものを迎え入れる人たちがいなければいけない。

これは、私が病院でガラス越しに孫の顔を見たときのエピソードから出発しています。娘が生んだばかりの子どもを見ながら、あえて親はいないといってみる。親という固定観念から、自由になる。自由になったときにはじめて、新しい真理が見えてくるのです。

📖 哲学の冒険

このように非常に私的なところから出発して、哲学を実演していくのが私なりの哲学スタイルです。考えることで、そこにどのような世界が広がるか。それが重要だと私が思っています。

真理とは命題ではない。考え続けていったときに、そこに現れてくる世界のことを指します。哲学することで、この世界が変わらなければ意味がないんです。自然科学の場合は、法則が見つかればそれが即、答えになる。けれど、人間にとっての真理とは、どんな世界がそこから新たに広がって見えてくるのかということです。これが「哲学の冒険」です。

人は生まれて、人の輪の中に受けとめられ、苦しいことも、酷い出来事もあるけれど、いろいろな人に支えられながら、この世界で自分というものを少しずつ作っていく。でも一定以上から先は、自分で自分を救わなければなりません。

では、どうすれば自分を救うことができるか。『君自身の哲学へ』から、少し引用します。

答えはない。答えは君自身なのだから。君自身が問いであり、答えなのだから。だから、まずは問うてみるしかない。そしてその問いを、世界の質のほうへと開いていくしかない。問いを君自身の存在にかかわる行為として行為するしかない。なにしろ、この地上において、人の存在とは、なによりも行為として起こるのだから。小さな希望の仕掛けをつくるのもいいかもしれない。ステップを踏んでダンスをするのもいいかもしれない。もちろん、低く言葉にならなない祈りを発することもあるかもしれない。なんであれ、世界のなかに自分が存在していることのささやかな、カフカが言う「あるかなきか」ほど乏しい、しかしほかの誰のものでもない君自身という「揺籃《ゆりかご》」に君自身を落ち着かせることからはじめるしかない。

もちろん、救出が完全に成功するなどということは、おそらくない。存在は限りなく、そのすくい出しもまた、きっと限りがない。けれども、そのような行為を通じて、あるときふと、手に触れた井戸の底の砂が湿っているのに気がつくかもしれない。どこかから水が染み出てくるかもしれない。ひと筋の光が門の向こうから射し込んでくるかもしれない。そのとき水は、そして光は、君に、歓びを与えてくれる。存在とは、歓びなのだ。存在するとは、「歓びである」ということなのだ。災厄と残酷、悲惨と暴力が荒れ狂うこの地上の現実ではあるが、人は、その苛酷な、あまりに苛酷な条件を引き受けつつ、しかしみずからの存在がその本質において歓びであることを知ることができる。知ることができるのでなければならない。それが哲学の究極の希望だと、僕は言いたい。

📖 究極の希望

これは私にとって、そのときに拓かれた「真理」でした。人間の存在とは何だろうと、考えないようにしながらずっと考えてきた。その最後の最後に、「存在は歓び」というところに着地したことが、私にとっての「真理」だったのです。

哲学という営みはどこかに一つの命題があって、その真理が見つかったらおしまいではありません。人間の思考を通じて、この世界を旅しながら、最後にその旅でなければ辿りつけないところに到達する。それが哲学の冒険です。それが真理です。これこそが哲学の究極の希望だと、思っています。

でも私の言葉がそのまま、誰にでも当てはまるということではない。世界の旅に付き合って、付き合って、そうしてようやく辿りついた先で、自分自身に共鳴するものがあるかどうかです。質問どうぞ。

――（学生）哲学者でよかったと思うときはありますか。

哲学者でよかったと思うようでは、本物の哲学者ではないかもしれませんね（笑）。回答がないようなことを、それでも考えずにはいられない。そんな仕事をし続けるのは、正直本当に大変です。自然科学なら自分の外側に追究すべき対象があるけれど、哲学にはそれがない。つらいよね。

本当の画家は、売れようが売れなかろうが、死ぬまで絵を描き続ける。画家でよかったか悪かったかなんて、考えない。自分には、この生き方しかない。矛盾しているように思うかもしれないけれど、それしかない生き方を続けていくことこそが、自分を救うことになるんです。

そういう風に生きられたら、たとえ傍からは悲惨な人生に見えようが、ビューティフルな人生……かもしれないね。

📖「女性」と哲学　①シモーヌ・ヴェイユ

最後に、女性と哲学についての話をしましょう。

昭和女子大学で哲学について語る機会をもらったのに、女性というテーマをピックアップしなくていいのか。今の時代、それを無視することはできないのではないか。私はいわゆるフェミニズムについて、詳しいわけではありません。でも、哲学にとって女性とはなにか、女性にとって哲学とはなにか。この機会にそれを考えずにいることは、私の哲学の良心が許さないような気がしています。だから講義の締めとして、自宅の本棚にあった、女性が書いた哲学的な本を幾冊か紹介します。哲学史を紀元前のプラトンからずっと見ていって、どこで女性の哲学者が出てくるか。それはフランスの哲学者シモーヌ・ヴェイユからではと、私は思うのです。

シモーヌ・ヴェイユ著、田辺保訳、筑摩書房

シモーヌ・ヴェイユ『重力と恩寵』は、私にとって大事な本です。彼女は言います。

> 魂の自然な動きはすべて、物質における重力の法則と類似の法則に支配されている。恩寵だけが、そこから除外される。

重力は、この世界全体を貫いている力です。それに従い、人間の苦しみは下へ下へ落ちていく。それを光の方向へ引き上げて救うには神的な力が必要で、それは「恩寵」しかないとシモーヌは考えているんですね。「恩寵」という言葉には、彼女はユダヤ人で、信仰をもつ人であることが反映されています。

さらに彼女は、こうも考える。人間は生きていくのが辛く、自分が苦しいとき、人を苛めたり暴力をふるったり、批判したり、そうした泥沼に落ちていく。そのとき、同情はある段階より下へは、降りて行かない。でも愛は底まで降りていくのだ、と。

ここでシモーヌは、「愛」について考えようとします。

彼女は三四歳で亡くなりました。『重力と恩寵』は生前には刊行されず、ある人（ギュスターブ・ティボン）に託していた彼女のノートが、数年後に本になって、あっという間にベストセラーになったという背景を持っています。

先ほど私は、「存在は歓喜だ」と言いました。シモーヌ・ヴェイユとまったく反対のことを言っています。シモーヌは人間の存在は苦しみだ、同情でも救うことはできない。もっと下まで行くためには愛が必要だけれど、愛とはどのように可能なんだろう……そういうところに立っているんですね。

それでも私は、彼女に対して、向き合って「君の存在は歓びなんだよ」と言うだろうか。今日はその問題にぶちあたりながら、そして動揺しながら、この昭和女子大学の正門をくぐりました。でも……私はやはり「存在は歓喜」だと告げるかもしれない。

悲惨の只中で哲学し続けたシモーヌは最後に、「私は歓びというものを知らなかった」と言う。

そんな彼女に、私はどんな言葉をかけるだろうか。

「そう、君はそれを知らなかったかもしれない。でも君の存在はやはり歓びなんだよ」こう伝えるかもしれません。

私は『君自身の哲学へ』を書いた六五歳のときに、「存在は歓びだ」と言うことができた。それは、ありがたいことだと思います。どちらが正しいかではない。一人ひとりが自分の生きる意味、存在の意味を思考において突き詰めていったときに、最終的に何を手にすることができるか。自分はこれだけは言える、と示すことができるか。それが哲学の根本的な力ではないかと思っています。

📖「女性」と哲学　②ハンナ・アーレントとジュディス・バトラー

ほかにも、関心を持ってくれる人がいたらいいと思って、数冊選んできました。

二冊目はハンナ・アーレント『政治の約束』です。彼女はハイデガーの愛人だった人ですが、たとえば「愛」について、次のように書いている。

つまるところ、人間の世界はつねに「世界への愛amor mundi」の産物なのである。それは人間の手になる考案品《アーティフィス》であり、世界の潜在的不死性は、つねに、世界を築いた人々の死すべき運命と、世界で生きるために誕生してくる人々の出生を、条件としている。

シモーヌ・ヴェイユと同じように、アーレントも「愛」について思索し、語ろうとしています。それからフェミニストの哲学者で、フランス現代哲学をすべて引き受けたとも言えるジュディス・バトラーの『自分自身を説明すること（Giving an Account of Oneself)』。原題は「自分自身のアカウント」で、このaccountという言葉はなかなか日本語には訳しにくい。ですが、この言葉には非常に重要な意味があります。

もし人が自分自身を説明するために話すとすれば、そのときまた、自分が用いる言葉そのものにおいて、人が生きる術であるロゴスを提示してもいる。問題は、発話と行為を一致させること――フーコーが強調するのはこの点なのだが――だけではない。問題はまた、話すことがすでにある種の行い、ある種の行為であって、すでに道徳的実践であり、一種の生であるような行為だと認めることである。

彼女はフーコーと応答しながら、女性という存在が哲学とどのような関わりがあるのかを考えようとしました。これ自体が、フェミニズム的な運動だと思います。

📖「女性」と哲学　③アーシュラ・K・ル＝グウィンとマルグリット・デュラス

それから哲学者ではないけれど、アーシュラ・K・ル＝グウィン『暇なんかないわ 大切なこ

アーシュラ・K・ル＝グウィン著、谷垣暁美訳、河出書房新社

とを考えるのに忙しくて』。すごくいいタイトルですよね。著者の生前最後のエッセイ集になります。ル＝グウィンは、『ゲド戦記』の作者です。子どもでも読めるファンタジー小説も、私にとって非常に重要な本です。ル＝グウィンの著作には、常にそこに戻っていくべき原点について、ものを考えることができる言葉があるんです。

たとえば、強いイデオロギーとしてのフェミニズムではなく、もう一回、女ということについてどう考えるか、含蓄に富む発言があります。

> 女たちの結束について言うと、それがなかったら、人間社会は存在していないだろう。だが、それは依然として、男たちや歴史や神の目には見えないも同然だ。女の結束は流動性と呼ぶほうがふさわしいかもしれない——固体ではなく流体、固定した構造物というよりは、流れや川のようなものだから。これが何らかの役割を果して形成されたと、私がほぼ確信している組織は、部族と、もうひとつ、あの形の定まらないもの——家族だけだ。

女たちの結束は、固体的な結束ではなく、流体である。男はピラミッドのように固体的な組織を

マルグリット・デュラス著、
小林康夫訳、河出書房新社

作るけれど、女の結束は川のように流れていくものである。面白いですよね。哲学というものも、長らく男が固体的に築いてきたものなのかもしれません。

けれど固体哲学ではなく、流体哲学があってもいいですよね。そこに、哲学の新しい地平が見えてくるのではないかという気がします。それを私はいま、考えはじめています。

もう一冊は、私が訳したものになるのですが、マルグリット・デュラス『緑の眼』です。これは作家による映画についてのエッセイ集です。

> こんにちの社会では人々はあまりにもひとりぼっちだと考えられている。だが、そう言うだけでは何の意味もないとわたしは思う。誰もが逃げ出したくなるような付き合いにくい人々がいるけれど、それはそういう人たちが孤独が上手でないからなの。何も見えない、聞えない、なにがなんでも生活をいっぱいにしておかなくては気のすまない人たち。孤独な生活と考えただけで、それに恐怖を感じ、その恐怖のせいで孤立しているような人たち。かれらの恐怖が今度は、わたしたちには恐怖だわ。わたしたちの方は、孤独ということなら、人々が同時に、あまりにもひとりぼっちであり、まだ充分にひとりぼっちではないと思うのよ。

ここでデュラスが語っている「孤独」には、哲学的な含蓄がある。私には、そのように感じられるのです。

📖 人生に同伴してくれる本を

以上が、今日、私の本箱から取り出してきた本です。これらの本たちを通して、最後に伝えたいことがあります。それは、みなさんが私の歳になるまでの五〇年の間に、人類は未曽有の変動を経験するということです。今までの固定的に作られた枠組みが変わり、新しい価値観、新しい文化が生まれてきます。

そのときに、一人ひとりが、哲学することが必要になってくる。哲学といっても、難しいものを、頭を抱えて読むのではありません。ル＝グウィンのエッセイのように、何気なく語られながらも、哲学と言っていいようなものの見方が求められると思います。

自分と共鳴してくれる思考と、今のうちに出会ってください。名作や古典でなく、漫画でもいいんです。『鬼滅の刃』でも『風の谷のナウシカ』でもいい。これからの厳しい時代を生きていく中で、いつも立ち戻って、考えることができる。そういう本をそばにおいてください。

私には、そういう本が何冊かあります。たとえばミシェル・フーコー『言葉と物』の原書は、表紙がはがれ、ボロボロになるまで何度も読みました。最近はもう、あまり読んでいないけれど、時々開いてみると、若いころの自分の書き込みを見つけたりする。この本で昔、自分は何かを学んだ。その証がここには刻まれています。

そんな本をもっているというのは、大きな財産です。ぜひ、人生に同伴してくれる作家、哲学者を発見し、確保してくださいね。

参考文献・読書案内

小林康夫『君自身の哲学へ』大和書房、二〇一五年

＊

デカルト『方法序説・情念論』野田又夫訳、中央公論新社、二〇一九年
ニーチェ『ツァラトゥストラ』手塚富雄、中央公論新社、二〇一八年
パスカル『パンセ』前川陽一・由木康訳、中央公論新社、二〇一八年
シモーヌ・ヴェイユ『重力と恩寵』田辺保訳、筑摩書房、一九九五年
ハンナ・アーレント『政治の約束』ジェローム・コーン編、高橋勇夫訳、筑摩書房、二〇一八年
ジュディス・バトラー『自分自身を説明すること』佐藤嘉幸・清水知子訳、月曜社、二〇〇八年
アーシュラ・K・ル＝グウィン『暇なんかないわ　大切なことを考えるのに忙しくて』谷垣暁美訳、河出書房新社、二〇二〇年
マルグリット・デュラス『緑の眼』小林康夫訳、河出書房新社、一九九八年

読む―書く―考えるということ

2022年6月29日／11月4日、立教大学／東洋英和女学院大学

講師　**明石健五**

あかし・けんご＝『週刊読書人』編集長。東京・代々木の下駄屋の次男として生まれる。早稲田大学社会科学部卒業後、映像制作会社に勤務。テレビ番組のAD、特集コーナーのディレクターを務める。バーテンダー、（社）全日本吹奏楽連盟事務局員など職を転々とし、2年半の引きこもり生活へ。その後、AV女優の悩み事相談等の仕事をしつつ社会復帰。一九九六年、（株）読書人入社。二〇一一年から編集長。二〇一七年より就実大学非常勤講師（表現芸術論）。一九六五年生まれ。

📖 文章上達のための早道はない

読書、本を読むこと。あるいは読んだ本に関して、人に伝えるということ。書評を書くということ。この三点について、今日はお話ししたいと思います。

私自身は、文筆家でも研究者でも書評家でもない、一編集者です。ただ、二七年間この仕事を続けてきて、読書という営みがどのようなことを意味するのか、書評あるいは文章を書くということが何を意味するのか、常に考えてきたと思います。論理的に、真正面から考えてきたというよりは、日々の業務を通して、自然と考えていたということです。

最近になって、そのことを、少し論理的に考えてみるようになりました。いくつかの大学で、本を読むこと、文章を書くことについて、学生のみなさんの前で話をするようになったのがきっかけです。改めて、読むとは、考えるとは、書くとはどういうことなのか。ここ数年、なんとか筋立てて説明することができればと思い、自分なりに考えついたことを、今日はお話しします。端的に言うと、「読むこと―考えること―書くこと」。この三つの連関で考えることをおすすめします。

書評新聞の編集をやっているということもあって、学生さんに向けて、「文章の書き方を教えて欲しい」という依頼がよく来ます。そのときに、どういうアドバイスをするのか。技術的な面に関しては、いくつか教えられることはあります。たとえば一文一文を簡潔にまとめるとか、推敲を何度もするとか、最終的には声で読み上げてみることとか。ただ、最初に私が言うのは、次のひと言です。

「文章上達のための早道はない」。身も蓋もない話になりますが、四半世紀以上、文章を書く仕事に携わり、また執筆者の原稿を読んできた経験上、そう言わざるを得ないんです。

文章術／書くためのテクニックを紹介した本は、数えきれないぐらい刊行されています。本屋さんに行けば、その種の本が数多く並べられています。いわゆるマニュアル本で、ほぼ同じ内容が書かれている。それはそれで、十分役に立つと思います。

ただ、テクニック・マニュアルの話ではなく、もっと本質的な事柄がある。そこをクリアすれば、自ずとテクニックは付いてくるものだと思っています。

「書く」ためには「読む」ことが必要

今、文章上達のための「早道」はないと言いました。では、人に読んでもらえるレベルの文章を書くためには、どうすればいいか。そこに辿り着くまでの道筋はあります。私自身が実際に通《とお》ってきた過程から学んだものなので、そのことをお話しします。

まず、このホワイトボードの一番上の部分に、「書く」と書いておきましょう。これがいわば、ひとつの最終目的です。「ひとつの」と言ったのは、本当の最終目的は、また別のところにあるからです。

どうすれば、この目的に到達できるのか。人に伝わる文章を書けるようになるのか。文章を「書く」ためには、まずは「読む」必要があります。ごく当たり前の話のように聞こえますが、これがスタートラインです。

小説であろうと、論文であろうと、エッセイであろうと、ノンフィクションであろうと、先人あるいは同時代人が書いた文章、この場合「本」と特定してもいいと思いますが、本を読まないと、文章を書くことはできません。とにかく、一冊でも多くの本を「読む」こと。「書く」につづいて、ホワイトボードの左下の部分に、「読む」と書いておきましょう。

本は、情報を得るためだけに読むものではないと、私は思っています。何かの答えを見つけるためにだけ、読むものでもないんです。たとえば今、わからない言葉や事柄があれば、インターネットで調べますよね。ウィキペディアなどにはさまざまな情報が載っていますから、おおよそ、それで「答え」(これはカギかっこ付きではありますが)は見つかります。

私も、通常そのようにしてググって、情報を見つけます。「ジャパンナレッジ」(https://japanknowledge.com/personal/)という辞書・辞典の検索サイトも便利です。常にこのサイトを立ち上げておき、わからない言葉が出てきたら調べる。五十以上の事典・辞書が同時に検索できますから、非常に便利です。こうしたサイトの利点には、アナログの「本」はまったく太刀打ちできないと思います。

著者の思考を追体験する

それなのに、なぜ本を読むのか――。みなさんは、どう思われますか? 私はこう思います。本というのは、「考える」ためにある。

本を読み、未知なるものと出会い、衝撃を受ける。そして何かしら心が動かされ、そこから思考する。その時には苦しみも伴うけれど、歓びもある。そういう体験を繰り返すこと。とにかく夢中になって読み、考える。

本というのは、実は、書いている著者本人でさえ、先が見えずに、どこにいくかわからないまま書いているところがあると思います。わかっていることを、わざわざ書く必要はありませんからね。その著者の思考の軌跡が、本の中には現われています。あるひとりの人間が、何かに疑問を持ち、あるいはあるテーマ／事柄に興味を持ち、謎を解明したり、探究したり、思考を深めたりしていく。その過程が本には記されているわけです。

それを読者は「追体験」することができる。ある時は著者の考えに共鳴し、一方で疑問に思うこともあるでしょう。良書と言われている本であればあるほど、そういう追体験をすることができる。そして著者と一緒に自らも思考することになる。

小林康夫・大澤真幸著、
河出書房新社

その過程が重要なのだと思います。このことは、小林康夫さんと大澤真幸さんの対談本『「知の技法」入門』でも議論されています。「書く」「読む」ことについて、右下に「考える」と書いておきましょう。

📖 すべて「わかる」ということはない

少し別の観点からお話しします。別と言っても、繫がっている話です。

ジル・ドゥルーズという、二〇世紀を代表するフランスの哲学者がいます。彼は晩年に長時間のインタビューを受けていて、それがDVDにまとめられています。その中で、「遅れてやって来る効果」ということに関して述べている。これが本を「読む」ことについて考える上で、非常に重要な概念になると私は思います。

インタビューの中でドゥルーズは、「教師」とはどういうものかについて問われ、ひとつの教育論を展開しています。

すぐにその場でわからなくてもいい。わからないからといって焦ってすぐに質問などしなくていい。最初から最後まで、何もかもわかる必要もない。大切なのは、遅れてやって来る効果を待つことだ。ならば、教師に求められるのは、そのための時間を生徒に与えることだろう。

（ピエール＝アンドレ・ブータン監督『ジル・ドゥルーズの「アベセデール」』〔國分功一郎監修〕）

これは大学の講義について、ドゥルーズが語った言葉です。私なりに、少しだけ言葉を補足してみます。「たとえその場でわからなくても、いい、いずれわかる時がやってくる、その時を待てばいい。だから、それほど焦る必要はない」。

本を読んだり、何かを学んだりしているときに、この感覚はとても大事です。私も若い時はそうだったのですが、とにかく本に書いてあることをすべて理解しようとしていた。それができなければ、なんて自分は駄目な奴だと責める。これはキツイ話です。

この歳になると段々とわかってくることですが、すべてを理解するなんて不可能なんです。おそらく、本に書いてあることの二割か三割がものになればいい。そして二度、三度と読んでいくうちに、理解が深まる。最初からあまり構えずに向き合っていけば、少しは楽に本を読めるのではないかと思います。

📖「わかる」ことへの不安

関連した話をします。ノーベル賞作家の大江健三郎さんが、批評家であり哲学者の柄谷行人さんと、一九九〇年代半ばに対話した三つの記録を収めた本があります。大江さんの言葉を紹介します。

> 先輩としていいますと、年齢の恐ろしさが身にしみてわかったのは、今までどんなに一所懸命読んでもわからなかった本が、ある年齢のある瞬間から大体わかるようになるということです。さらに僕が心配しているのは、それもわかったと思っているに過ぎないんじゃないかと思っているんです。それは進歩がとまったということですね。
>
> （大江健三郎・柄谷行人『大江健三郎　柄谷行人　全対話』）

ここで大江さんは、ふたつの大切なことを言っています。ひとつは、大江さんほど頭脳明晰で、常に物を考えていている人であっても、本を読んで「わからない」ということがあったということ。ならば、我々凡人にわからないことが多々あっても、そんなに心配しなくてもいいということです。

もうひとつ。それよりも大江さんは、「わかる」ということに対して、少なからずの不安を吐露している。対話はこの先もつづくのですが、要は、すべてをわかるなんていうことは絶対にないんだということです。そのことを前提にして本を読めば、繰り返しになりますが、少しは楽な気持ちになれるはずです。

📖 自らの頭で考えたことを人に伝える

話を元に戻します。

今ここに、「書く」「読む」「考える」と三つの言葉を記しました。この三つの言葉を結ぶと、「三角形」ができます。この三つは決して別の事柄として存在するのではなく、それぞれが互いに密接に結びついているんですね。

文章を書くためにはどうすればいいか。本を読まなければならない。本を読むこととは、すなわちそれに触発されて思考することである。そして思考したことを、人に伝えるために「文章を書く」。図を見ていただければ分かるかと思いますが、「書く（人に伝える）」という行為は、「読む」ことと「考える」ことに支えられているんです。

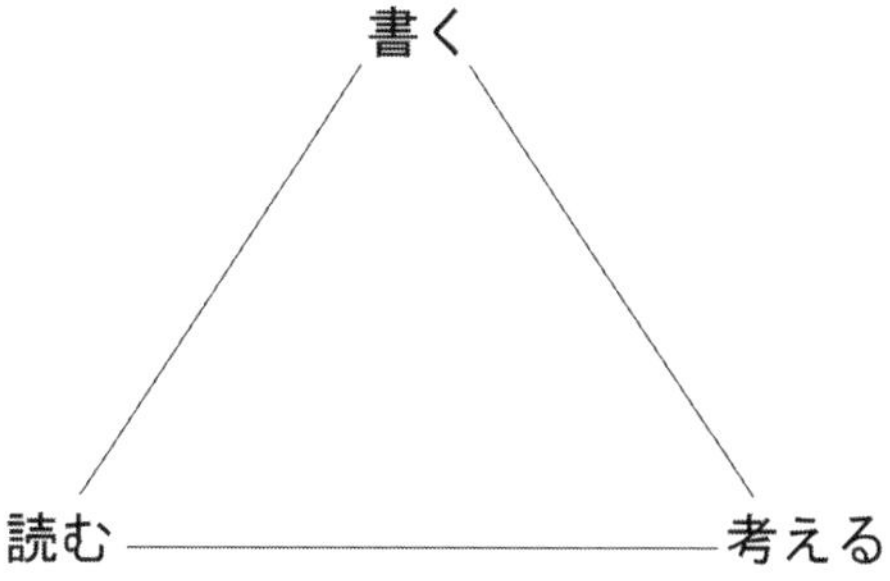

図1　書く・読む・考えるの三角形

自分で思考したことを人に伝えるのは、本当に難しい。頭の中でわかったつもりになっていても、実際に人に伝えられるかは、まったく別次元の話です。本を読み、自分が思考したことを書き言葉にして文章にし、人に伝える。それを繰り返すことで、思考力は鍛えられます。すると、ぼんやりわかっていると思っていたことが、より確かな理解へとかわっていく。

たとえば、自分が思っていることを、横にいる友だちが理解できるように伝えてみる。それができて初めて、ある事柄が自分のものになったといえるんです。できれば文章で、伝えてみましょう。文章にすることができれば、話し言葉でも人に伝えることができると考えていいと思います。

思考が生まれ、言葉が立ち上がる場所

ここまで話してきたことについては、書家の石川九楊さんの言葉が参考になると思います。

書くときには何か新しい発見がある。「あっそうか、こういうことか」と発見することが「書く」ことです。書いている最中にもやもやしていた意識が言葉に変容して霽《は》れていくことが「書

く」ことです。

「書く」ことは社会的な営みであり、社会的に存在します。ここで生まれたひとつの表現、つまり文体《スタイル》は社会に蓄積されます。これは対象世界の中にもぐり込むことを意味します。「書く」ための手本はどこにあるかというと、この対象世界の中にあります。その掘り起こし次第で、新しいものがつくれます。〔…中略…〕

したがって、社会的な文体《スタイル》なくして意識は言葉になりません。もっと言えば、意識すら生じません。狼少年の例がありますが、狼に育てられてしまうと、言葉を組織することができず、したがって人間的な意識は生じないのです。狼少年には文体《スタイル》を受けとめる術がないからです。

（石川九楊『石川九楊著作集Ⅵ』）

石川さんは、別の本でも同じようなことを書かれています。

小説家が小説を書く。原稿用紙に向かったとき、むろんおぼろげな構想はできていよう。だが、それはいまだ言葉ではない。あらかじめ言葉として固まっているものは、せいぜい書き出しの一フレーズかキイワードくらい。それもどうだか解らない。鉛筆をもって書き始める。ここから言葉が生まれてくる。その過程は、「書きながら考えている」と言うより、「書くことが考えている」と言った方が実情に近い。

（石川九楊『筆蝕の構造』）

書名にある「筆蝕」という言葉は、石川九楊さんの、モノを書く上での哲学と言っていい考え方です。つまり、極端に言えば、頭で考えるのではない。自分が持つペンの筆先と紙が触れ合うところ、たとえばペンで紙を〈浸蝕〉していく、その場所で、思考が生まれ、言葉が立ち上がるということです。

📖 驚きから思考へ

再び、別の角度からお話しします。本を読んでいると、ある種の驚き、畏怖を感じることがあります。それがわかる、感じられること自体、重要なのではないか。いや、わからなくてもいい。むしろ、わからないことの方が多いはずです。わからないことがわかる。これが、第一歩かもしれません。そこから、なぜこの人はこういう思考／判断に及んだのか、今度は自ら思考してみる。考えて考えて、考え抜く。その過程が重要です。ただし、「答え」は期待せずにです。何かしらの答えや判断は記されているかもしれないけれど、それを知ることよりも、読んだ時の驚きから思考へと向かう。この経緯が大切です。

先程紹介したドゥルーズの言葉を、もうひとつ挙げておきます。ドゥルーズは「待ち伏せる」という姿勢を大切にしています。

自分はとにかく何かとの出会いしか信じていない。出会いによってこそ新しい何かが創造される。そして、出会うためには待ち伏せていなければならない。

（前掲ＤＶＤより）

非常に重い言葉だと思います。重要なのは、ただ待ち伏せていればいいのかということです。待ち伏せていれば、いつか出会えるのか。そうではないでしょう。そこにはやはり、ある程度の素地が必要となってくる。

たとえば待ち伏せしている自分の目の前に、何かが通ったとします。でも、それに反応できなければ、出会いが出会いにはならなくなってしまう。次々とやってくる対象に即座に反応するためには、反射神経（咄嗟の判断力）を磨く必要があります。

その能力を鍛える一番の方法が、本を読み、考えること。未知のものに対してだけではなく、「これにはとにかく食いついておこう」と思える。そういう力、判断能力が、読書によって身に付いてくるということです。

📖 人は「驚き」によって育てられる

東大総長を務められた蓮實重彦さんは、『知性のために』という講演録の中で、こういうことを言っています。

真に貴重な体験は、結果ではなく、過程の中にしかない。

蓮實さんは、このことを本書の中で繰り返し述べていて、次のような言葉でも語っている。

> わたくしたちが強く惹きつけられるのは、それを導きだす過程に持続していただろう著者の好奇心の苛烈さにほかなりません。

少し説明しておくと、この言葉は、ある哲学者に対して述べたものです。この哲学者が持っていた「好奇心の苛烈さ」、それが一冊の本を書く過程でずっと「持続していた」。そのことに、蓮實さんは強く惹き付けられると言っている。決して、導きだされた「結論」に対して言っているのではありません。

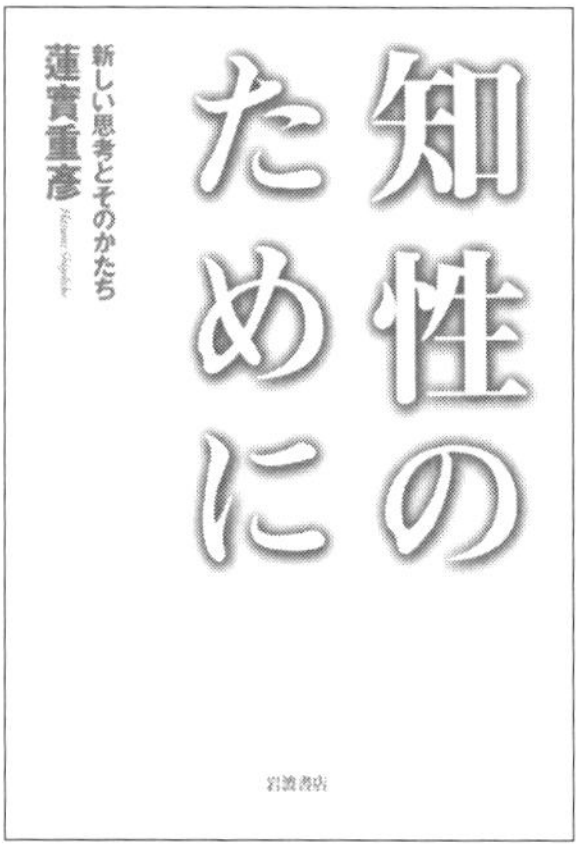

蓮實重彥著、岩波書店

お気づきかもしれませんが、この哲学者とは、先ほどからその言葉を引用している、ジル・ドゥルーズです。彼の書いた『差異と反復』について、蓮實さんは語っています。

蓮實さんは別の講演で、こんなことも語っています。

> 〔大学生活とは――筆者注〕予測不能の出会いなの

であり、それゆえに、深い「驚き」をもたらさずにはおかないのです。そこでは、知識の累進性や蓄積された情報だけでは超えがたい壁に突き当たらずにはおきません。そうした「驚き」に拮抗しうるのは、まさに、知性だけなのです。

かけがえのない他人としてわたくしたちの一員となられたあなたがた若い男女に、東京大学を、そうした「驚き」にみちた出会いの環境として生きていただきたい。

この講演は大学の新入生向けに語られたものですから「大学」という言葉を使っています。けれど、別に大学に限ったことではない。「人生」と言い換えてもいいでしょう。人は生きている局面局面で、「驚き」によって育てられると言っていいと思います。

知性を自らのものにするには

「知性」という言葉が出てきましたが、もちろんこれは「知識」とは異なる意味を持っています。辞書の説明とはちょっと違うかもしれませんが、蓮實さんは別の箇所でこう定義しています。

知性は、ある対象を構成する要素のうちで何が可変的であり、何が不変的であるかを識別し、変化にふさわしい組み合わせを予測する力なのです。

このことをもう少し身近に、私なりに言い換えてみます。

ある未知のものに出会ったとき、そこに驚きと感動が生まれる。そうして、初めて自分なりに思考することができ、（ただしここで当然可変的なものと不変的なものへの判断が必要となります）、それを人に伝えることができるようにもなる。そういう過程を生きられる人のことを、「知性ある人」というのではないか（自分にはまだまだ「知性」が足りず、偉そうなことは言えませんが……）。

では、「知性」を自らのものにするためにはどうすればいいのか。繰り返しになりますが、「読み」「考え」「書く」ことを通してしか感得できないのでないか。新しい出来事や局面に出会い、答えのない問題を考えることで鍛えられていくものが、確かにある。

そういう問題は、すぐれた本の中にいくつも見つけることができます。繰り返し考えることによって、自分の思考を鍛えていく。それによって、今の世の中をサバイブする能力が鍛えられると言っても、過言ではありません。

冒頭で、書くことの「本当の最終目的は別のところにある」と私は述べました。ここまで話をお聞きになった方ならば、それが何か、もうおわかりのことと思います。

📖 聞き上手は話し上手

わかりやすい話をひとつしします。図2は、「振り子の法則」と名付けられたものです。私自身が考えついたことではなくて、実業家・コンサルタントの鴨頭嘉人さんが語っていたことを、私なりに応用したものです。

鴨頭さんは、マクドナルドの採用担当をしていたこともあって、「人と上手に話すにはどうしたらいいか」ということを、現在もさまざまな場面で教えています。YouTubeで無料で公開されていますので、興味があれば見てみてください。

人とうまく話しができるようになるためには、どうすればいいか――。第一に、人の話をよく聞けるようにならなければならない。「聞き上手＝話し上手」であると、鴨頭さんは強調します。

このことを、そのまま「書く」ということに移し替えてみましょう。書くためには、どうすればいいか。読まなければならない。振り子の重りの移動する距離が長ければ長いほど＝読んだ本が多ければ多いほど＝深く読むことができていればいるほど、勢いで逆側にも行くことができる。左から右へと移動する過程が、「考える」という行為なのだと思います。

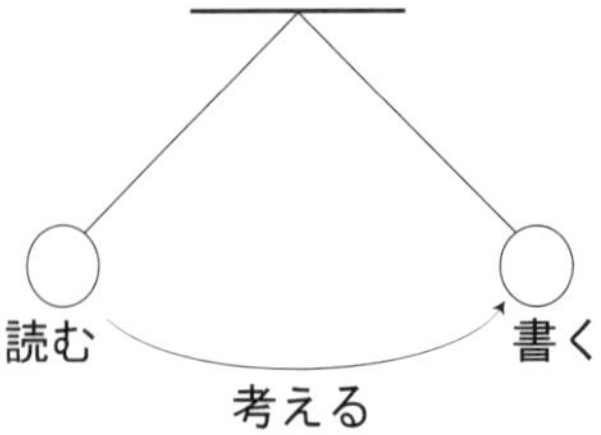

図2　書く・読む・考えるの振り子

📖 教養部の授業は、読書ガイド

ここまで、哲学者や作家の名前が何人も出てきました。言葉も引用しました。もし、その中のひとつでも、心にひっかかるものがあったら、原典に当たってみてください。これが本当に大事なことなのです。

四半世紀以上前に亡くなった方ですが、廣松渉さんという哲学者がいました。廣松さんが大学の教養部で教鞭を執られていた時、新入生に向けて、こんなことを言っていたそうです。

「教養部の授業は、読書ガイドだと思って聞いてください」

実際に廣松さんの授業を受けた学生さん（当時）から直接聞いた話です。同じように、今回の講義の中に出てきた本を実際に手に取ってみる。そして、もし面白ければ、関連書を読んでみる。そうやって世界を広げていくことが大切です。

どの大学にも、学生に開かれた大学所有の図書館があると思います。それを利用しない手はない。私自身、二〇代の一時期、二年間ほど仕事をせずに、半ば引きこもりの生活をしていたことがあります。そのとき、近所の図書館に朝から晩までこもって、ほとんどそこで暮らしていました。

図書館には、新刊本もあれば古典もあります。あの時代の経験があるからこそ、今まがりなりにも編集者をやっていけているのだと思います。今も日々、図書館に通って本を読んでいます。

考えてみれば、三〇年前と同じようなことをしている。昔はお金を貰うことはできなかったけれど、今はお金を貰って図書館通いをしている。違いといえば、それだけです。

本の世界は、果てしなく広い。泳いでも泳いでも、向こう岸にはたどり着けないぐらいです。でも、その広さを知るだけでいい。図書館に通えば、それを実感できます。

世界が広いことを知っているか知っていないかでは、物の見方が大きく変わります。学生のうちに、世界の広さを感じてください。それは一生の宝になります。

世界に溢れる六角形

ここからは少し具体的な話をしましょう。ある一冊の本を読んで、その内容に興味を持ったとします。あるいは、大学の講義のテキストでもいい。一冊の本を読むとき、私がおすすめしているのは、関連書を読むことです。

「関連書」といっても、同種類の本——哲学なら哲学、映画なら映画の本——を読む必要はありません。むしろ、領域を横断しつつ読む方がいい。そこでも、世界の広がりを感じられるでしょう。そして、意外なことを知るきっかけにもなる。

一冊の本を読んで学ぶよりも、多くの本の繋がりの中で読む方が、より広く、深く知ることができます。もちろん、最初はそんな繋がりはできないけれど、つづけていくうちに、すべてが繋がって感じられるような瞬間があります。

かりに、六冊の本を読んだとします。それぞれがどこかで繋がっていくとしたら、とても大きな力になると思いませんか。一冊だとか弱いけれど、六冊集まると強く見えますよね。

だから、興味を抱いたテーマがあれば、とりあえず六冊読んでみることをお勧めします。「六」という数字に、何か「エビデンス」があるわけではありません。ただ不思議なことに、世界は結構この数で溢れているんです。

たとえば、雪の結晶は六角形です。蜂の巣や亀の甲羅、水晶の純粋な結晶もそうです。サッカーのゴールの網やサッカーボールは、六角形あるいは六角形と五角形の融合でできています。

また、アルゼンチン出身の作家にボルヘスという人がいます。彼の短編小説「バベルの図書館」に出てくる図書館は、六角形の回廊の積み重ねで作られている。引用します。

（他の者たちは図書館と呼んでいるが）宇宙は、真ん中に大きな換気孔があり、きわめて低い手すりで囲まれた、不定数の、おそらく無限数の六角形の回廊で成り立っている。どの六角形からも、それこそ際限なく、上の階と下の階が眺められる。

（J・L・ボルヘス「バベルの図書館」『伝奇集』鼓直訳）

「バベルの図書館」は短い作品なので、ぜひ読んでみてください。

知性を支えるベースをつくる

今言ったことは、こじつけかもしれませんが、私の経験則からいっても、六冊読むと、なんとなく、思考の軸がひとつできる。たとえば、生命倫理の問題に関して学んでみようと思ったとします。まずは「生命倫理の入門書」と帯文に書かれている、生命倫理学者の香川知晶さんの著書『命は誰のものか』を手に取ってみる。あるいは、小林亜津子さんの『はじめて学ぶ生命倫理』を読んでみる。続けて、島薗進さんらが編者になっている『死生学』、あるいは小松美彦さんの『死は共鳴する』や、市野川容孝さんの『生命倫理とは何か』、もしくは田中智彦さんも編者のひとりとなっている、岩波ブックレット『いのちの選択』を手に取ってもいい。これで六冊です。

もう少し広げて、先般亡くなった脚本家の橋田壽賀子さんの『安楽死で死なせて下さい』を読んでみる。すると、生命倫理から安楽死の問題へと広がっていきます。

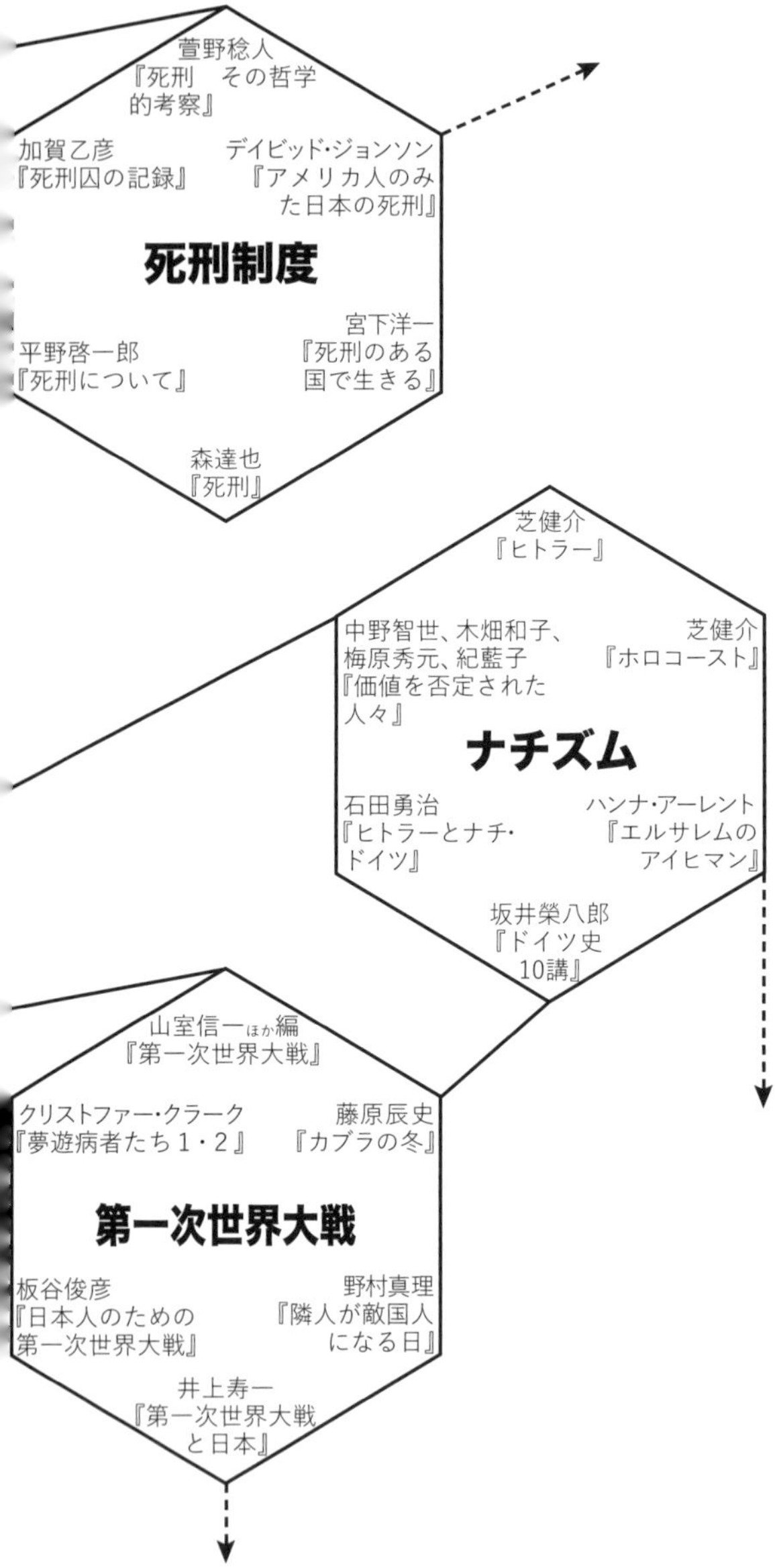

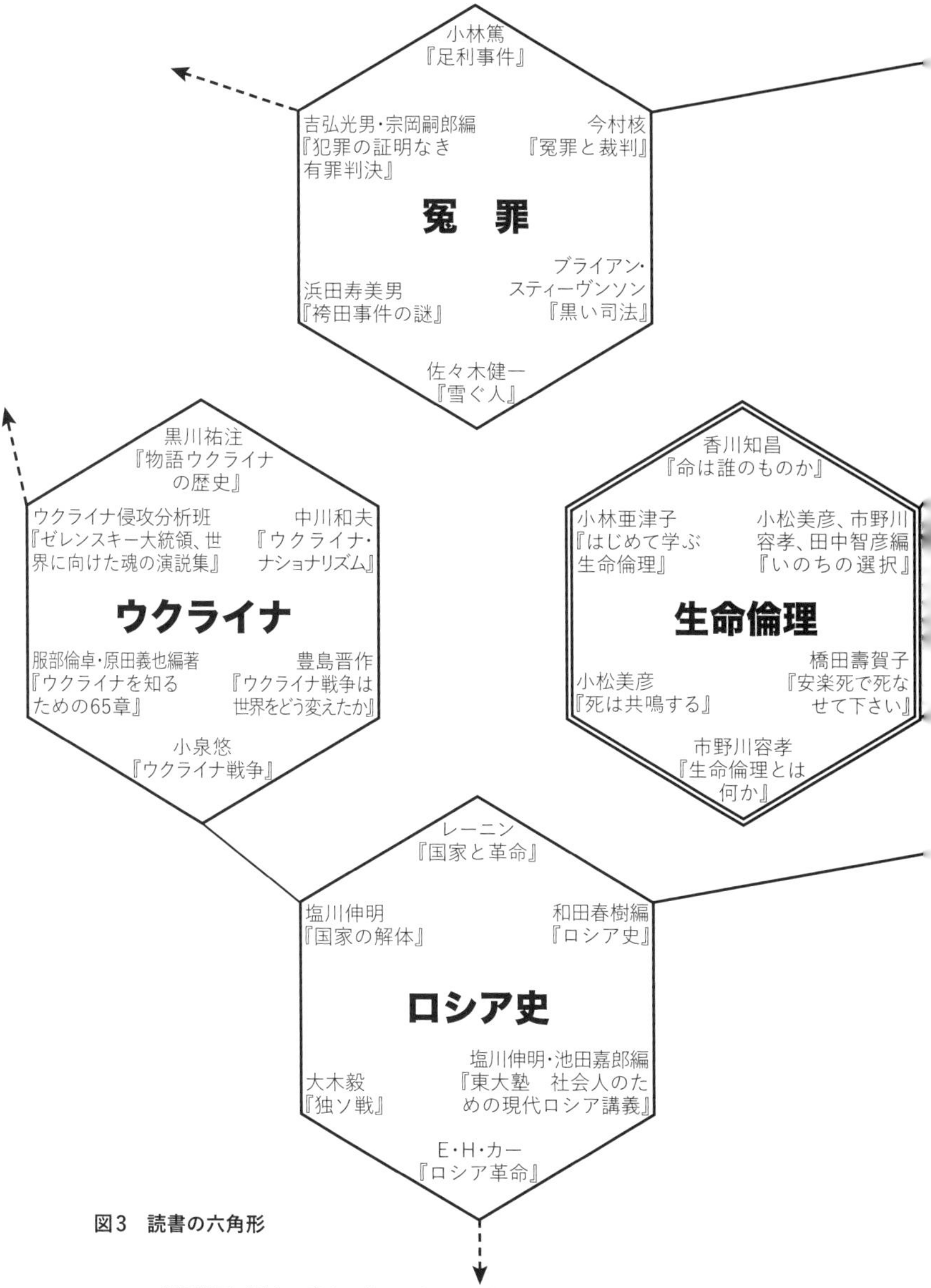
小林篤
『足利事件』
吉弘光男・宗岡嗣郎編
『犯罪の証明なき
有罪判決』
今村核
『冤罪と裁判』
冤罪
浜田寿美男
『袴田事件の謎』
ブライアン・
スティーヴンソン
『黒い司法』
佐々木健一
『雪ぐ人』
黒川祐注
『物語ウクライナ
の歴史』
ウクライナ侵攻分析班
『ゼレンスキー大統領、世
界に向けた魂の演説集』
中川和夫
『ウクライナ・
ナショナリズム』
ウクライナ
服部倫卓・原田義也編著
『ウクライナを知る
ための65章』
豊島晋作
『ウクライナ戦争は
世界をどう変えたか』
小泉悠
『ウクライナ戦争』
香川知昌
『命は誰のものか』
小林亜津子
『はじめて学ぶ
生命倫理』
小松美彦、市野川
容孝、田中智彦編
『いのちの選択』
生命倫理
小松美彦
『死は共鳴する』
橋田壽賀子
『安楽死で死な
せて下さい』
市野川容孝
『生命倫理とは
何か』
レーニン
『国家と革命』
塩川伸明
『国家の解体』
和田春樹編
『ロシア史』
ロシア史
大木毅
『独ソ戦』
塩川伸明・池田嘉郎編
『東大塾　社会人のた
めの現代ロシア講義』
E・H・カー
『ロシア革命』

図3　読書の六角形

このテーマには、「死刑制度」の問題だって関わってきます。そこで、作家の平野啓一郎さんが最近刊行した『死刑について』を読んでもいい。歴史的に遡って、ナチズムに関する本も読んでみる。『価値を否定された人々　ナチス・ドイツの強制断種と「安楽死」』という本はどうでしょう。

次に、芝健介さんの『ヒトラー』、あるいは藤原辰史さんの『ナチスのキッチン』を読んだっていい。藤原さんの本が面白かったら、同著者の『給食の歴史』や『カブラの冬』へと進んでみる。ここまできたら、「第一次大戦の歴史」を扱った本に手を伸ばすのもいいですね。

こうやって、いくらでも世界は広がっていくわけです。一冊の本を読めば、どんどん違った分野への興味がわいてくるでしょう。そこでまた、六冊の本を読んでみる。この六角形を、自らの内に多く持てれば持てるほど、広がりが広ければ広いほど、それが「知性」を支えるベースになっていくのだろうと思います。

ポスト・トゥルース時代における「教養」

また別の話をします。「肥った豚よりも痩せたソクラテスになれ」という名言を、みなさんは聞いたことがあるでしょうか。

これは経済学者の大河内一男東大総長（当時）が、一九六四年の卒業式で語った言葉……だと言われています。ここからの話は、八年ほど前に東大の教養学部の卒業式で、学部長の石井洋二郎さんが語ったことを引用しつつ話します。数年前に、ネットでも一時話題になりました。

実はこの発言は、大河内さんのものではなかった。一九世紀イギリスの哲学者ミルの『功利主義論』からの借用だったというんですね。

大河内さんの式辞の原稿を見ると、こう書かれていたそうです。「ジョン・スチュアート・ミルは、『肥った豚になるよりは痩せたソクラテスになりたい』と言ったことがあります」。しかし、当時のマスコミは、前半を飛ばして、大河内さん自身の言葉として報道してしまった。そしてそれが、世間で流布するようになったのです。

間違いは、これだけではありません。なんとミル自身、そんなことは言っていなかったのです。ミルの書いた原文は以下です。「満足した豚であるより、不満足な人間であるほうがよい。満足した馬鹿であるより、不満足なソクラテスであるほうがよい」。式辞の原稿にある引用とは随分違いますよね。

けれど石井さんによると、さらに第三の間違いがある。大河内総長は、実際の卒業式では、この言葉（「肥った豚より…」）を飛ばして、式辞を述べたそうです。ところが、草稿がマスコミに出回って、報道されてしまった。石井さんの言葉を引用します。

「大河内総長は『肥った豚よりも痩せたソクラテスになれ』と言った」という有名な語り伝えには、三つの間違いが含まれているわけです。まず「大河内総長は」という主語が違うし、目的語になっている「肥った豚よりも痩せたソクラテスになれ」というフレーズはミルの言葉のまったく不正確な引用だし、おまけに「言った」という動詞まで事実ではなかった。というわけで、早い話がこの命題は初めから終りまで全部間違いであって、ただの一箇所も真実を含んでいないのですね。にもかかわらず、この幻のエピソードはまことしやかに語り継がれ、今日では一種の伝説にさえなっているという次第です。（「二〇一四年度東京大学教養学部学位伝達式式辞」https://www.c.u-tokyo.ac.jp/info/about/history/dean/2013-2015/h27.3.25ishii.html

注＝この話は、二〇二三年三月刊行の石井洋二郎著『東京大学の式辞』（新潮新書）で語られている）

石井さんは何を言いたかったのか。

日々触れている情報というのは、「大半がこの種のものであると思った方がいい」「情報の発信者たちも、悪意をもって虚偽を流しているわけではなく、無意識のうちに伝言ゲームを反復しているだけである」「そしてあやふやな情報がいったん真実の衣を着させられて世間に流布してしまうと、誰も直接資料にあたって真偽のほどを確かめようとはしなくなる」「まずは一時情報に立ち返って自分の頭と足で検証してみる批判精神こそが、「教養」の本質である」と、式辞では続けています。

「ポスト・トゥルース」といわれる時代に、真実とは何か。それを見極めるとは、どういうことか。真実を見極める力を養うベースを支えているのは、やはり本を読み考えるという営みだと、私は信じています。

📖 原稿をつくるときに気を付けること

最後に「書く」ことについて、少しだけ具体的な話をします。書評紙の編集者をしていると、インタビューや対談を収録して、それを原稿にまとめるというのが、仕事のひとつの中心になります。原稿を作成する際、私は何に注意しているか。必ず音読することです。最初に荒くまとめた段階の原稿は、さすがにすべて読み上げたりしません。ですが三度目の改稿〜完成稿を作るときは、必ず声に出して読みます。

そうすると、たとえば「これはこの人の話し言葉の感じじゃないな」と、なんとなくわかる。読みやすさは捨てられませんが、それでもなるべく現場の雰囲気を伝えるために、自分の耳に残っている取材時の言葉に修正していく。こういう作業を何度も繰り返します。

また音読していると、絶対に「つっかかる部分」があります。そこは修正する。声に出して読みづらいということは、いい文章ではない。書評でも卒論でも、同じことだと思います。

もう一点、改稿のときはコンピュータ画面上で修正するのではなく、必ず紙に印刷し、赤字を入れていきます。おそらく、ほとんどのみなさんが今、ワードのようなソフトを使って文章を書いていると思います。では、できあがった文章を確認する際、どうしていますか？　画面上で修正するか、プリントアウトしたものにボールペンなどで赤字を入れていくか。基本は前者ではないでしょうか。けれど、これは半ば実証されたことなのですが、プリントアウトしたものに赤字を入れていく方が、文章の誤りに気づきやすいのです。身体性とも関わる話ですが、面白い研究があるので、ご紹介します。

📖 文字を読むときの二パターン

マーシャル・マクルーハンという、メディア論の研究者がいます。一九八〇年に亡くなりましたが、斬新なメディア論を展開したことで知られている。マクルーハンは、上述した「赤字問題」を理論的に解析しているんですね。簡単に説明します。

人が文字を読むときは、二つのパターンがある。ひとつは、紙に印刷された文字を読む。もうひとつは、パソコンのモニター上で読む。

前者を「反射光で文字を読むとき」、後者を「透過光で読むとき」と言う。紙に印刷された文字は、それだけでは読めない。そこに光が当たって、その反射で読んでいるわけです。一方デスクトップ上で読む場合は、ブラウン管やモニター画面から発せられる光線が、私たちの目に直接映像として入ってくる。それを知覚しているわけです。

本当はもう少し難しい理論的な議論が展開されるのですが、今日はひとまず、「紙に印刷して読む＝反射光で読む」と「パソコン画面上で読む＝透過光で読む」という二種類のタイプがあることだけ、理解してください。

この二タイプの文字の受容の仕方を比較してみましょう。紙で読む場合、人間の受容モードは、自動的かつ脳生理学的に「分析モード」になる。心理的には、「批判モード」に切り替わります。したがって、ミスプリントが見つけやすくなるんですね。

分析モードとは、スキャナーが文書や画像の全体をスキャンするように、ドット単位で文字を読み取っていくような情報の受け取り方です。批判モードは、能動的にチェックしつつ、取り込んでいくような情報の受けとめ方です。

対してパソコン画面で読む場合、人間の認識モードは、自動的にパターン認識モード――くつろぎモードに切り替わると、マクルーハンは指摘している。パターン認識モードとは、細かい部分は多少無視して、全体的な流れを追うような読み取り方をいいます。いわば、分析モードの対極にある読み方ですね。大量の情報を短時間に処理しなければならないときは、このモードになりやすいと言えます。

くつろぎモードとは、あらゆる刺激に対して感覚器官を開放し、受動的に、送られてくるものをそのまま受け止めようとする情報の取り込み方です。

ということは、透過光で文字を読む場合、なんとなく全体の流れを追うだけになってしまう。細部にあまり注意を向けることができないため、ミスプリントを見逃してしまう傾向があるんです。

私自身、マクルーハンの理論を意識して、紙に印刷して校正をしてきたのではありません。経験上、そうした方が間違いを見つけられやすいというだけです。けれど、マクルーハンの論考を読んだとき、妙に納得したのを覚えています。

ただ、みなさんの年齢であれば、紙に印刷して文章を読む経験は、少なくなってきていると思います。物心ついたときからディスプレイで文章を読むことに慣れていれば、人間の脳も進化するでしょう。そうなると、マクルーハンの理論も「お払い箱」になっているかもしれませんね。

本はいつ書き手の元を離れるか

講義のまとめとして、本を読み、考え、それを人に伝えることと関連した話をします。

奥泉光さんという作家がいます。現在は、芥川賞の選考委員もやっていますね。その人が、友人の作家・山田詠美さんに、こんな話をされたそうです。

「小説というのは、作家が書き上げて、それで作品が完成するのではない。読者に読まれることによって完成する」

書物というのは、誰かに読まれなければ、ただの「紙」の固まりです。人が読んで、ようやく意味を持つ。それが本というものなのだと、私も思います。

この話を聞いて、さらに先を考えてみました。作家あるいは学者が、一冊の本「A」を書き上げる。Aを読んだ人が、そこから考えたことを誰かに話し、そしてその本を前にして議論が起きる。そこで、Aという本はようやく書き手の元を完全に離れて、次のステージに上るのではないかと思います。

大学のゼミでもいいし、本屋さんで時折開かれるトークイベントのような場であってもいい。あるいは、喫茶店や飲み屋でもかまわない。一冊の本をテーマに、友人・知人のあいだで、さまざまな議論がなされる。そこに著者自身が参加することもあるけれど、そうではないことの方が多いでしょう。はるか昔に亡くなってしまった書き手の本の講読会が開かれることだってありますから。そのとき、やはり自分で本を読み、それを自らの言葉で伝えることが必要になってきます。

📖 どうぞ、こちらの世界へ

ひとりで本を読んでいても、それはそれで面白いです。私自身、引きこもって本ばかり読んでいた時期があるので、その面白さはよくわかります。

でも、ある一冊の本をテーマに、いろんな人と話をすることをおすすめします。意見が対立することもあるでしょう。あるいは、自分が気づかなかったことを、他の読者が教えてくれることだってある。そういう広がりを持つ本こそが、「偉大な書物」だと、私は思います。

以前、千代田区の中央図書館に呼ばれて話をしたことがあります。会場から、「編集者として新たな執筆者を育てること」について質問をされました。それに対し、「新たな書き手を育てるよりも、新たな読者を育てたい」と、私は即座に答えました。

数年前に大学生協がアンケートを取ったところ、大学生の半数以上は、一日の読書時間がゼロだったそうです。大きなショックを受けましたが、かといって、私が大学生のときも、まわりにそれほど本を読む人間はいなかった。

いつの時代も、本を読む人間はいたし、読まない人間もいる。ただ、どうせならば「読む側」の人間になったほうがいいということです。そこには、何にも替えがたい広大な世界が広がっています。次の言葉で、今日の講義を終わりにしたいと思います。

学生のみなさんも、どうぞ、こちらの世界へ。

ご聴講ありがとうございました。

参考文献・読書案内

小林康夫・大澤真幸『「知の技法」入門』河出書房新社、二〇一四年
ピエール＝アンドレ・ブータン『ジル・ドゥルーズの「アベセデール」』國分功一郎監修、KADOKAWA、二〇一五年
大江健三郎・柄谷行人『大江健三郎　柄谷行人　全対話』講談社、二〇一八年
石川九楊『石川九楊著作集　Ⅵ』ミネルヴァ書房、二〇一六年
石川九楊『筆蝕の構造』筑摩書房、二〇〇三年
蓮實重彥『知性のために』岩波書店、一九九八年
ジル・ドゥルーズ『差異と反復　上・下』河出書房新社、二〇〇七年
J・L・ボルヘス『伝奇集』鼓直訳、岩波書店、一九九三年

石井洋二郎『東京大学の式辞　歴代総長の送る言葉』新潮社、二〇二三年
マーシャル・マクルーハン『メディア論　人間拡張の諸相』栗原裕・河本仲聖訳、みすず書房、一九八七年
有馬哲夫『世界のしくみが見える『メディア論』　有馬哲夫教授の早大講義録』宝島社、二〇〇七年

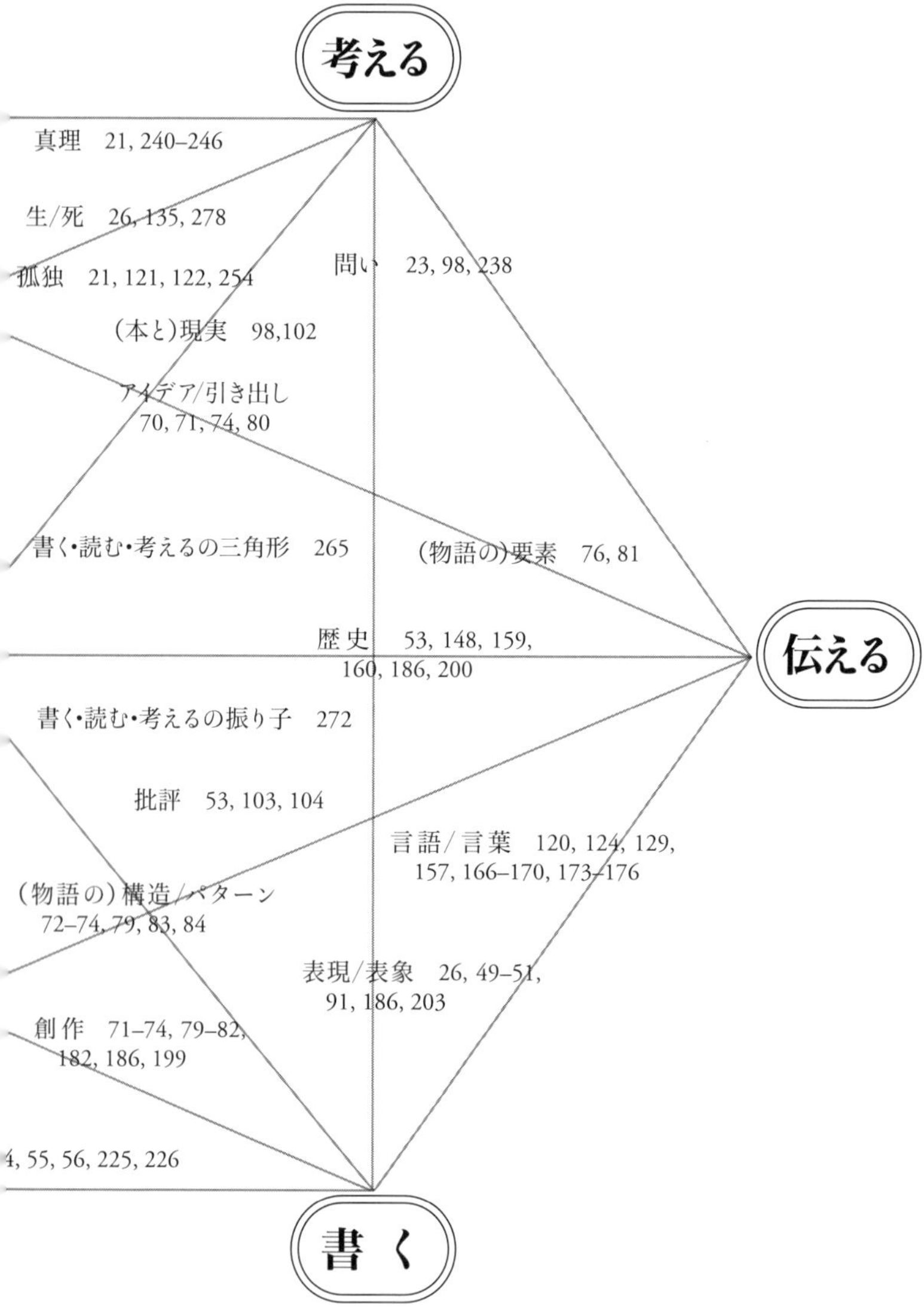
考える
真理　21, 240–246
生/死　26, 135, 278
孤独　21, 121, 122, 254
問い　23, 98, 238
(本と)現実　98,102
アイデア/引き出し
70, 71, 74, 80
書く・読む・考えるの三角形　265
(物語の)要素　76, 81
歴史　53, 148, 159,
160, 186, 200
伝える
書く・読む・考えるの振り子　272
批評　53, 103, 104
言語/言葉　120, 124, 129,
157, 166–170, 173–176
(物語の)構造/パターン
72–74, 79, 83, 84
表現/表象　26, 49–51,
91, 186, 203
創作　71–74, 79–82,
182, 186, 199
4, 55, 56, 225, 226
書く

事項索引

読む

知る

調べる

世界　22, 90, 165

読書筋　34, 35

ファンタジー　28, 57, 62, 65, 253

SF　57, 62

ジェンダー　207

フェミニズム　249, 252, 253

読書の六角形　276, 277

ポスト・トゥルース　280

水俣病　127–130

在日コリアン　175, 178

ナチ/ナチス　154, 160, 187, 191, 197-199, 278

(強制)収容所　188, 190, 19

国境/国境線　142–146, 157–159, 177, 213–216

移民・難民　45–48, 145–152, 212–223

(政治的)分断　228–231

入国管理局(入管

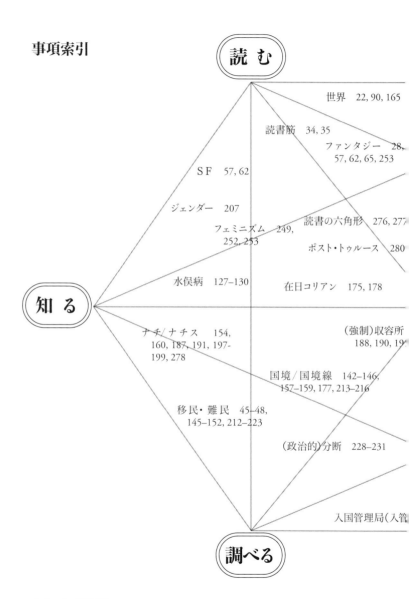

バイデン，ジョー　145, 228
橋田壽賀子　276
パスカル，ブレーズ　23, 241
蓮實重彦　268–270
バトラー，ジュディス　251, 252
ハリス，カマラ　145
バルト，ロラン　15
ハンス，セリエ　156
半永一光　131
ヒトラー，アドルフ　148
平野啓一郎　278
廣松渉　272
ファーブル，ジャン＝アンリ・カジミール　115
ファインマン，リチャード・P　198
フーコー，ミシェル　252, 255
藤子・F・不二雄　71
藤原辰史　278
ブッシュ，ジョージ・W　142
ブラッドベリ，レイ　62
プラトン　236, 238, 240, 249
フランク，アンネ　187–191, 201, 203
フリードリッヒ，ポール　117, 118
ヘッセ，ヘルマン　115
ホーキング，スティーヴン　27
ボルヘス・アゼベード，ホルヘ・ルイス　275
ボンド，マイケル　37

ま

マイトナー，リーゼ　207
マクルーハン，マーシャル　282–284
マラルメ，ステファヌ　243
三島由紀夫　26
宮川淳　14–16, 21
宮沢賢治　113–115
ミル，ジョン・スチュアート　279
村上春樹　26, 245
紫式部　12
メアリー，エリザベス・アレクサンドラ（エリザベス二世）　37
メルケル，アンゲラ　218

や

矢内原伊作　18
柳田國男　118
山田詠美　284
ユング，カール・グスタフ　65

ら

ラスナヤケ・リヤナゲ・ウィシュマ・サンダマリ　44, 45, 48, 55, 225, 226
ランボー，アルチュール　19
リオタール，ジャン＝フランソワ　243
ル＝グウィン，アーシュラ・K　28, 63, 252, 253, 255
ロック，ジョン　236
ロラン，ロマン　19

キュリー, マリ　186, 191–195
キング, スティーヴン　79
グーテンベルク, ヨハネス　10
久保（川合）南海子　90
クリントン, ヒラリー　141, 228
黒田三郎　12
ゴダール, ジャン＝リュック　19
小林亜津子　275
小松美彦　275

さ

サガン, フランソワーズ　19
佐々涼子　47, 48
サルトル, ジャン＝ポール　19, 236
サンダース, バーニー　228, 229
志賀夘助　115
芝健介　278
島薗進　275
シェイクスピア, ウィリアム　12
ジャコメッティ, アルベルト　18–22
シャンバーグ, シドニー　72, 73
寿岳文章　119
ショパン, フレデリック　29
白土三平　63, 67
新海誠　104
シンボルスカ, ヴィスワヴァ　204
スティーヴンソン, ロバート・ルイス　43
セント＝ジェルジ, アルベルト　156
ソクラテス　238, 278, 279
ソロー, ヘンリー・デイヴィッド　120–124

た

ダーウィン, チャールズ　115
ダール, ロアルド　36, 37
武満徹　137
田中智彦　275
ツェラン, パウル　125–127
鼓直　275
ディス・プラン　72, 73
ティボン, ギュスターブ　250
デカルト, ルネ　236, 238, 240
手塚治虫　63, 64, 67, 115
デュラス, マルグリット　254, 255
デリダ, ジャック　243
ドイル, アーサー・コナン　187, 205, 206
ドゥルーズ, ジル　262, 267, 269
トールキン, J・R・R　63
ドストエフスキー, フョードル　64, 65, 100–102
トランプ, ドナルド　141, 144, 213, 215, 229
トルストイ, レフ　64

な

中原中也　24, 25
ナボコフ, ウラジミール　115
ニーチェ, フリードリヒ　239

は

バーネット, フランシス・ホジソン　40
ハイデガー, マルティン　251

人名索引

あ

アーレント, ハンナ　251, 252
東浩紀　99–102
阿部和重　94–97
安部公房　245
阿部良雄　15
アリギエーリ, ダンテ　12
アリグザンダー, ロイド　63
アリストテレス　236, 240
アンドレ・ブータン, ピエール　262
池上彰　210, 227, 228
石井洋二郎　278–280
石川九楊　265–267
石川淳　12
石牟礼道子　112, 127, 128, 132, 133
市野川容孝　275
李良枝　172, 175–178
ヴィトゲンシュタイン, ルートヴィヒ　236, 239
ヴェイユ, シモーヌ　249, 250
ウェブスター, ジーン　43
ヴェルヌ, ジュール　57, 58
エスターライヒ, エリーザベト・フォン（エリザベート皇后）　157
エリュアール, ポール　14
エンデ, ミヒャエル　38
オウィディウス　245
オーウェル, ジョージ　36
大江健三郎　112, 137, 263, 264
大河内一男　278, 279
大澤真幸　261
オオツカ, ジュリー　205
奥泉光　284
オッペンハイマー, ジョン・ロバート　199
オバマ, バラク　141

か

ガーナー, アラン　63
香川知晶　275
カタリン, カリコ　154–156
金原瑞人　36, 49
カフカ, フランツ　245
カミュ, アルベール　19
鴨頭嘉人　272
柄谷行人　263
カント, イヌマエル　12, 236
キーファー, アンゼルム　125, 126
北川フラム　106
キム・スム　205
キュリー, エーヴ　192
キュリー, ピエール　195

揺れる移民大国フランス　139, 161, 209, **221**, 234
汚れつちまつた悲しみに　**25**, 32

ら

来福の家　163, 184
「雨の木〔レイン・ツリー〕」を聴く女たち　**112**, **137**, 138
歴史と宗教がわかる！　世界の歩き方　139, 209, **210**, 234
魯肉飯のさえずり　163

わ

若い人のための10冊の本　9, **25–27**, 32, 235
和紙風土記　138
私とあなたのあいだ　163
私のものではない国で　**167**, 184
わたしは　しなない　おんなのこ　185
ワンダーランドに卒業はない　**35**, **57**, 58

常世の樹　**112**, **132**, **133**, 138
突破する教育　**140**, 161
トリニティ、トリニティ、トリニティ　185, **200**, 208
どろろ　**83**, 87

な

長いお別れ　**56**, 58
ナチスのキッチン　**278**
何かが道をやってくる　**62**, 86
二年間の休暇　**57**, 59
日本の紙　138
ネオ・ファウスト　**83**, 87
ノルウェイの森　**26**

は

パイルドライバー　61
はじめて学ぶ生命倫理　**275**
パンセ　**23**, **24**, 32, **241**, 256
光の子ども　185, **186**, **194**, 208
筆蝕の構造　**266**, 286
ヒトラー　278
ひとり　**205**, 208
火の鳥　鳳凰編　**64**, **83**, 87
暇なんかないわ 大切なことを考えるのに忙しくて　**252**, **253**, 256
卑弥呼　61
秘密の花園　**40**, **42**, 59
表象文化論講義　9, 235
FUTON　33, **52**
ブラック・ジャック　**63**, 87
プリデイン物語　**63**, 86
ふれあい・撮るぞ　**131**
ヘンリー・ソロー　野生の学舎　111
方法序説　**238**, 256
ホーキング、未来を語る　**27**, 32
ボーダー　**47**, **48**, 59
ぼくの昆虫学の先生たちへ　111, **113**, **115**, 138

ま

魔神ガロン　**83**, 87
MASTERキートン　61, **85**, 86
MASTERキートンReマスター　61, 86
マダム・キュリーと朝食を　185
真ん中の子どもたち　163
緑の眼　**254**, 256
宮沢賢治 デクノボーの叡知　111, **113**, **114**, 138
ムーンライト・イン　33
メディア論　287
モモ　**38**, **39**, 59
森を読む　138

や

やさしい猫　33, **43**, **44–48**, 58
屋根裏の仏さま　**205**, 208
闇の伴走者　61, **71**, 86
雪国の春　**118**, 138
由熙　**172**, **175–178**, **180**, 184
指輪物語　**63**, 86
夢見る帝国図書館　33, **53**

クロコーチ　61
群島-世界論　111
警部補ダイマジン　61
月世界旅行　**57**, 59
ゲド戦記　**28**, 32, **63**, 86
現場レポート　世界のニュースを読む力　234
ゲンロン11.5　**99**, 109
功利主義論　**279**
「国語」から旅立って　163
ご冗談でしょう、ファインマンさん　**198**, 208
言葉と物　**255**
ことばの杖　李良枝エッセイ集　184
コンコード川とメリマック川の一週間　**120**

さ

最後の挨拶　His Last Bow　185, **187**, 208
差異と反復　**269**, 286
ザ・クレーター　**83**, 87
死刑について　**278**
死生学　**275**
死は共鳴する　**275**
自分自身を説明すること(Giving an Account of Oneself)　**252**, 256
「シャーロック・ホームズ」シリーズ　**187**, **205**, 208
ジャコメッティとともに　**18–20**, 32
重力と恩寵　**249**, 256
祝宴　163, **165**, 184
小公子　**40**
小公女　**40**
書物変身譚　111, **116**, 138
親愛なるキティーたちへ　185, **187**, **191**, 208
シンセミア　**94–98**, 109
砂の女　**245**
政治の約束　**251**, 256
生命倫理とは何か　**275**
世界のしくみが見える「メディア論」　287
世界の中のポスト3・11　89
世界を救うmRNAワクチンの開発者カタリン・カリコ　139, **155**, 161, 209
一九八四年　**36**

た

台湾生まれ　日本語育ち　163
宝島　**43**, 59
種子への信頼(Faith in a Seed)　**123**, 138
小さいおうち　33, **53**
知性のために　**269**, 286
知の技法　9, 235
「知の技法」入門　**261**, 286
チョコレート工場の秘密　**36**, **37**, 58
ツァラトゥストラはかく語りき　**239**, 256
ディアスポリス　61
鉄腕アトム　**63**, **83**, 87
伝奇集　**275**, 286
東京大学の式辞　**280**, 286
遠野物語　**118**

書名索引

掲出ページは扉・参考文献にあるものをローマン体、本文のおもなものを太字（ボールド）で示した。

あ

赤毛のアン　**41**, 59
あしながおじさん　**43**, 59
新しい「教育格差」　139, 209
アンネの日記　**187**, **189**, **190**, **204**, **206**, 208
安楽死で死なせて下さい　**276**
石川九楊著作集VI　**266**, 286
いのちの選択　**276**
命は誰のものか　**275**
移民社会フランスで生きる子どもたち　139, 209
李良枝セレクション　**178**, 184
インド・ヨーロッパ基語における樹木（Proto-Indo-European Trees: The Arboreal System of a Prehistoric People）**117**, 138
ウォールデン　森の生活　**120**, **121**, **124**, 138
永遠年軽　163
大江健三郎　柄谷行人　全対話　**263**, 286
「推し」の科学　**90**, 109
終わりと始まり　**204**, 208

か

鏡・空間・イマージュ　**14–16**, 32
風の谷のナウシカ　**245**, **255**
風の又三郎　**114**
風はずっと吹いている　61
価値を否定された人々　**278**
彼女に関する十二章　33
カブラの冬　**278**
カムイ伝　**63**, **68**, 87
カラマーゾフの兄弟　**99**, **100**, 109
韓国文学ガイドブック　89
君自身の哲学へ　9, 235, **244–246**, 256
鬼滅の刃　**255**
キャラクター　61
給食の歴史　**278**
キュリー夫人伝　**191**, **192**, 208
教育立国フィンランド流　教師の育て方　139, 209
銀河鉄道の夜　**114**
空港時空　163
苦海浄土　**128–132**, 138
くまのパディントン　**37**, 58
グランドフィナーレ　**94**
クリスチャンにささやく　9, 235
クレオール主義　111

読書人カレッジ2022　大学生のための本の講座

二〇二三年五月三一日　初版第一刷発行

著者……小林康夫・中島京子・長崎尚志・長瀬海・今福龍太・増田ユリヤ・温又柔・小林エリカ・明石健五

発行者……明石健五
発行所……株式会社 読書人
東京都千代田区神田神保町一―三―五　〒一〇一―〇〇五一
Tel. 03 5244 5975　Fax 03 5244 5976
https://jinnet.dokushojin.com/　e-mail info@dokushojin.co.jp

組版……汀線社
装丁……坂野仁美
印刷・製本……モリモト印刷株式会社

使用書体：ヒラギノ明朝体＋游築五号仮名＋Adobe Garamond Pro

ISBN978-4-924671-60-7 C0036

〈68年5月〉と私たち
「現代思想と政治」の系譜学

王寺賢太・立木康介 編

〝68年5月〟の出来事と同時代の思想の双方に触発されながら、現在について考える。二〇一八年五月、京都大学人文科学研究所で行われた連続セミナー（全一〇回）の全記録。〝68年5月〟は今、私たちに何を問うているのか。

A5判・三三二頁・三九六〇円

書評キャンパスat読書人 2021

大学生と「週刊読書人」編集部 編

2017年4月より、大学生書評家育成プロジェクトとして『週刊読書人』で始まった連載『書評キャンパス』。毎週個性豊かな大学生による書評が掲載されてきた。本書は2021年『週刊読書人』に掲載された約50本の学生書評だけでなく、著者・編集者からのアンサーコメントも収録。大学生だけでなく、高校生、中学生にもおすすめの一冊。

A5判ブックレット・一四四頁・一三二〇円

読書人カレッジ2021
大学生のための本の講座

田原総一朗・小林エリカ
佐々涼子・木村友祐
奥野克巳・長瀬海・温又柔
宮台真司著・読書人編集部 編

日本財団との共同新事業「読書人カレッジ」。本事業は大学生の読書推進活動として、本の専門家である作家や研究者、書評家の方々に、各大学で「読書」に関する講義をしてもらう試みである。どのように本を選び、読んで考え、その内容を伝えるのか悩む大学生のために、作家、研究者、批評家に講義を行ってもらう。2021年度の1年間に行われた11講座の講義録。

四六判・二九〇頁・一九八〇円